GAIA REISEN

Wanderführer mit 60 Touren

Schwarzwald Süd

mit Naturpark, Kaiserstuhl und Markgräflerland

AUTOR

Walter Theil • ist in Südbaden aufgewachsen, hat in Freiburg studiert und mehrere Jahre im südlichen Schwarzwald gelebt und gearbeitet, bevor er im Chiemgauer Voralpenland seine Zelte aufgeschlagen hat. Er kennt den Süden Deutschlands im Allgemeinen und den Schwarzwald im Besonderen von vielen Rad- und Wandertouren.

Der aktive Bergsteiger und Radfahrer ist seit mehreren Jahrzehnten im touristischen Verlagsbereich tätig und Autor diverser Wander- und Fahrradführer, darunter WF Schluchtensteig, WF Schwäbische Alb, WF Oberallgäu, FF Rheinradweg vom Bodensee bis Mannheim.

VORWORT

Der Südschwarzwald – weitgehend abgedeckt durch den größten Naturpark Deutschlands – ist ein Füllhorn touristischer Attraktionen und landschaftlicher Highlights.

Diese abwechslungsreiche und wanderfreundliche Mittelgebirgslandschaft wird auch als Hochschwarzwald bezeichnet, weist sie doch die drei höchsten deutschen Gipfel und die höchsten Wasserfälle Deutschlands außerhalb der Alpen auf. Ebenso eindrucksvoll sind die grandiosen Schluchten, die herrlichen Seen und die waldreichen Täler, die dem Schwarzwald einst den Namen gaben. Im Westen, zwischen Bergland und Rheinebene, liegen die sonnenverwöhnten Weinanbaugebiete des Breisgaus, des Kaiserstuhls und des Markgräflerlandes.

Und wer kennt nicht die typischen Schwarzwälder Besonderheiten: die urigen Bauernhäuser, die Kuckucksuhren, die Schwarzwälder Kirschtorte, das Kirschwasser, die feschen Trachten und nicht zuletzt die traditionsreiche Fasnetkultur.

Die seit vielen Jahren ausgezeichete Arbeit des Schwarzwaldvereins, der über 20.000 Wanderkilometer markiert und betreut, wird Sie dabei unterstützen, diese Vielfalt landschaftlicher Eindrücke kennen zu lernen und Ihnen intensive und vergnügliche Erlebnisse vermitteln.

Machen Sie sich auf den Weg ...

INHALT UND TOURENÜBERSICHT

AUFTAKT

Schwarzwälder Bauernhaus, der Bankenhof am Titisee.

ANHANG

km	h	hm	hm	P							
12,75	4:00	433	433	✓	✓		✓	✓			
13,5	4:00	584	584	✓	✓			✓			
11,25	3:30	470	470	✓	✓						
9	3:00	337	337	✓	✓		✓				
11	3:30	247	247	✓	✓		✓				
12	3:45	197	197	✓	✓		✓				
16	5:00	352	352	✓	✓		✓	✓			
16	5:00	407	407	✓			✓	✓			
9,75	3:15	321	321	✓	✓						
11,75	3:45	404	404	✓			✓				

Blick hinauf zur Burg Staufen.

INHALT UND TOURENÜBERSICHT

km	h	hm	hm								
12	4:00	772	772	✓			✓	✓			
8,25	2:45	240	240	✓	✓		✓	✓			
14,25	4:15	427	427	✓	✓		✓				
9	3:00	179	179	✓	✓		✓			✓	
10,25	3:15	100	100	✓	✓		✓	✓		✓	
10,25	3:00	211	211	✓	✓						
10,75	3:45	409	409	✓	✓		✓				
17	5:30	373	373	✓	✓		✓			✓	
8,5	3:30	871	71	✓	✓	✓		✓			
4,75	1:45	229	229			✓		✓			
6,5	2:15	266	266	✓	✓		✓				
10	3:15	226	226	✓			✓				
17,25	6:00	802	802	✓	✓	✓	✓	✓			
14,5	4:45	601	601	✓	✓	✓	✓	✓			
9	3:00	242	242	✓			✓	✓		✓	
6,5	2:00	124	124	✓						✓	
13	4:15	636	636	✓			✓	✓			
16,75	5:15	584	584	✓	✓	✓	✓	✓			
16	5:00	569	569	✓	✓		✓				
12,5	4:00	385	615	✓	✓		✓				
11,5	3:30	499	499	✓	✓		✓	✓			
10,5	3:30	299	299	✓			✓				
16	5:15	654	654	✓			✓	✓			
10,25	3:15	292	292	✓	✓		✓				
12	3:45	371	371	✓	✓						

INHALT UND TOURENÜBERSICHT

Erlebnisregion Schluchsee.

km	h	hm	hm								
10,25	3:30	384	384	✓	✓		✓	✓			
8,25	2:45	289	289	✓							
16	4:45	271	271	✓	✓		✓				
8,75	2:45	173	173	✓			✓			✓	
5,5	2:00	175	175	✓			✓				
10	3:30	202	202	✓	✓		✓				
9	3:00	239	239	✓	✓						
8,75	2:45	245	245	✓			✓			✓	
15,25	4:30	209	443	✓	✓						
15	4:15	269	269	✓	✓		✓				
11,75	4:00	287	287	✓	✓		✓	✓			
9,5	2:45	36	33	✓	✓		✓			✓	
13,75	4:15	512	512	✓			✓				
16,75	5:15	596	596	✓	✓						
15	4:15	753	753	✓	✓		✓	✓			

Der Wanderweg führt unter der Belchenbahn hindurch.

INHALT UND TOURENÜBERSICHT

Blick zur Kandelpassstraße und zum Kandelhaus.

km	h	hm	hm	P							
12	4:00	380	380	✓	✓		✓				
16,5	5:00	617	617	✓	✓		✓				
14,75	4:30	379	379	✓			✓	✓		✓	
16,5	4:30	293	293	✓	✓		✓	✓			
6	2:00	170	170	✓	✓		✓				
13	4:00	400	400	✓	✓		✓	✓		✓	
10,5	3:00	188	188	✓	✓		✓				
10,75	3:15	218	218	✓	✓		✓				
11,5	3:45	222	222	✓	✓						
13	3:45	297	297	✓	✓		✓			✓	

GEBIETSÜBERSICHTSKARTE

Ober-prechtal
10%
Lauterbach
Schramberg
Bösingen
Dietingen
730
Neckarburg
Elzach
294
Hornberg
Tennenbronn
Dunningen
45
54
3
Ferien-park
Hardt
Eschbronn
Flözlingen
Rottweil
Schonach i.Schw.
St.Georgen i. Schw.
Buchenberg
Weiler
Fischbach
Rottweil
Zimmern ob Rottweil
Nieder-eschach
Rohrhardsberg
1177
Wasserfall
4
Nußbach
Triberg i.Schw.
5
Peterzell
Königsfeld i.Schw.
Schabenhausen
Deißlingen
14
E531
Obereschach
monswald
Schönwald i.Schw.
Brigach
Mönchweiler
9
7
33
-Schwen-ningen
Villingen-Schwenningen
Brend
6
8
Ober-simonswald
1149
Unterkirnach
Trossingen
Uhrenmuseum
15
Gütenbach
Furtwangen i.Schw.
Villingen-
Weigheim
Tuningen
Vöhren-bach
Pfaffenweiler
Marbach
36
sterkirche
Neukirch
14
Bad Dürrheim
Tuningen
St. Märgen
Brigachtal
5
Talheim
13
Tannheim
Hammereisenbach-Bregenbach
Waldau
Breg
Donaueschingen
1
864
Dr. Bad Dürrheim
Wolterdingen
Aasen
Ober-baldingen
bach
500
Oberjostal
Eisenbach (Hochschw.)
Bubenbach
Donau-eschingen
9
itnau
16
Pfohren
Friedenweiler
38
Viertäler
-Neustadt
Geisingen
Bräunlingen
31
38
Titisee-
Hüfingen
Geisingen
34
36
38
29
39
Dittishausen
27
Fürstenberg
Donau
erzarten
Titisee
Kappel
Rötenbach
31
Döggingen
Länge
29
35
Löffingen
Unadingen
40
Hausen
Aufingen
30
37
Reiselfingen
Riedböhringen
Lenzkirch i.Schw.
Wutachschlucht
Mundelfingen
31
Raitenbuch
Altglashütten
Fischbach
315
41
Blumberg
Riedöschingen
Südschwarzwald
42
Ewattingen
Achdorf
39
nschwand
Schluchsee
Wutach
Museums-bahn
44
Tengen
47
46
45
Lausheim
Vorderdorf
Bonndorf i. Schw.
Fützen
43
Kommingen
Schluchsee
Wellendingen
33
Ebnet
Randen
Grafenhausen
Weizen
Grimmels-hofen
Bargen
t. Blasien
Klosterkirche
Unterwangen
Wutach
Meris-hausen
57
Häusern
-Birkendorf
Bettmaringen
Schaffhausen
Höchen-schwand
58
Brenden
Stühlingen
Schleitheim
Schaffhausen
Ühlingen-
Amrig-schwand
Eggingen
Beringen
500
59
Nöggen-schwiel
Unter-mettingen
Hallau
3
zenwald
Bannholz
314
Neunkirch
Neuhausen a. Rheinf.
Rheinfall
5
rittmatt
60
Aichen
E54
32
Wutöschingen
Unteralpfen
Weilheim
Tiengen-O
Erzingen
4
Tiengen-W
-Tiengen
Jestetten
8
Waldshut-
Lauchringen
Klettgau
Lottstetten
Rheinau
Benken
34
Dogern
Lauchringen
Grießen
Dettighofen
Küssaburg
Rafz
44
Alb-bruck
Koblenz
7
Bad Zurzach
690
Klein-andelfingen
Leibstadt
Rhein
Hohentengen a. Hochrh.
Flaach
Drof
Leuggern
Klingnau
Eglisau
Wil (AG)
Böttstein
Döttingen
Berg am Irchel
Laufenburg
Mandach
5
17
Kaiserstuhl
Glattfelden
Aargau
Endingen
Siglistorf
Bülach-N.
Buch

Zwei Naturparks umfassen das Gebiet des Schwarzwalds: der Naturpark Schwarzwald Mitte/Nord (auf dessen Gebiet sich seit 2014 auch der 100 qkm große Nationalpark Schwarzwald etablierte) und der Naturpark Südschwarzwald. Dieser deckt Teile des Mittleren Schwarzwalds, den Hochschwarzwald und angrenzende Randgebiete ab (Breisgau und Markgräflerland im Westen, Hotzenwald im Süden).

Im Februar 2016 wurde im Südschwarzwald von 29 Gemeinden das Biosphärengebiet Schwarzwald eingerichtet und der im August 2016 bei der UNESCO eingereichte Antrag auf Anerkennung wurde im Juni 2017 positiv bestätigt..

Der Südschwarzwald weist mit Feldberg (1493 m), Herzogenhorn (1415 m) und Belchen (1414 m) die höchsten Erhebungen des gesamten Schwarzwaldes auf und unterscheidet sich auch vom waldreichen Nordschwarzwald durch eine ausgeprägte Höhenlandwirtschaft. Während im nördlichen Schwarzwald der Buntsandstein vorherrscht, dominieren im Südschwarzwald Gneis und Granit.

Durch die Vergletscherung des Hochschwarzwalds entstanden Karseen, die zum Teil noch erhalten sind bzw. durch Aufstauung und Talsperren zu Stauseen vergrößert wurden und das Bild des Südschwarzwalds als touristischen Erlebnisraum prägen:

- **Schluchsee** (künstlich aufgestauter, mit 500 ha größter See)
- **Titisee** (der größte Natursee)
- **Windgfällweiher** (durch Aufstauung künstlich vergrößerter kleiner Moorsee)

Der Belchen ragt mit seinem markanten Profil fast 1000 m aus dem Münstertal heraus.

- **Feldsee** (größter Karsee)
- **Nonnenmattweiher** (verlandeter Karsee, der neu aufgestaut wurde)

Aus einer Vielzahl von Wasserfällen ragen besonders hervor:

- **Triberger** Wasserfall (insges. 163 m Fallhöhe)
- **Todtnauer** Wasserfall (97 m)
- **Fahler** Wasserfall (40 m)
- **Zweribacher** Wasserfall (40 m)

Das Prädikat höchster Wasserfall Deutschlands (Triberg) bzw. höchster Naturwasserfall (Todtnau) trifft aber nur zu, wenn man die deutschen Alpengebiete nicht berücksichtigt. Allerdings haben gerade die Triberger Wasserfälle das klassische deutsche Wasserfallbild geprägt.

Von den Römern wurde der Schwarzwald nur in den Randbereichen nahe der Rheinebene besiedelt – davon zeugen die Thermalbäder in Badenweiler und Sulzburg –, entscheidend

Der Schwarzwald als Kulisse

Neben der berühmten Operettenverfilmung des „Schwarzwaldmädel" aus dem Jahre 1950 haben die regionalen Besonderheiten wie Bollenhut, Schwarzwälder Speck und Kirschtorte, Kuckucksuhren und natürlich die malerische Schwarzwaldlandschaft mit ihren typischen Bauernhäusern auch vielen anderen Film- und Fernsehproduktionen als Kulisse und Hintergrund gedient: „Der Forellenhof" (1965), „Die Schwarzwaldklinik" (in den 1980er-Jahren), „Die Fallers – eine Schwarzwaldfamilie" (ab 1994) und die Dokumentarserie „Schwarzwaldhaus 1902" (2002).

Der 845 m hoch gelegene Titisee ist der größte Gletschersee im Hochschwarzwald.

war die Besiedlung durch die Alemannen. Die starke und freiheitlich gesinnte bäuerliche Ausrichtung zeigte sich auch darin, dass vom Schwarzwald immer wieder Unruhen und Aufstände ausgingen (Beispiele sind die Bundschuh-Bewegung als Vorläufer des Deutschen Bauernkrieges sowie die Salpetererunruhen im Hotzenwald).

Durch die beschränkte Industrialisierung in den schwer zugänglichen Tälern entstanden im Schwarzwald spezielle Produktionsformen, die den Holzreichtum nutzten. Glasbläsereien sowie die Herstellung von Kuckucksuhren, aus der sich eine bedeutende feinmechanische Industrie entwickelte. Die Uhrenindustrie im 19. und die Unterhaltungselektronik im 20. Jahrhundert ließ große Firmen entstehen (Junghans, Kienzle, SABA, Dual).

Glasträger-Figur in Triberg.

Manche Schwarzwaldtäler verlangten besondere Verkehrslösungen; die Ravennabrücke im Höllental.

Der Schwarzwald ist durchzogen von einer ganzen Reihe von Fernwanderwegen, die auch den Südschwarzwald tangieren:

In Nord-Süd-Richtung:
Westweg (Pforzheim–Basel)
Mittelweg (Pforzheim–Waldshut)
Ostweg (Pforzheim–Schaffhausen
In Ost-West-Richtung:
Querweg Freiburg–Bodensee

Daneben existieren eine Reihe mehrtägiger Rundwanderungen und Prädikats- bzw. Premiumwanderwege:
Hansjakobweg I (Rundweg 3 Tage)
Hansjakobweg II (Rundweg 4 Tage)
Murgleiter (5 Tage, „Premium-Wanderweg“)
Kandelhöhenweg Oberkirch–Freiburg (5 Tage)
Schluchtensteig (Fernwanderstrecke, 5–6 Tage, Prädikatswanderweg)
Zweitälersteig (Rundweg, 5 Tage, Prädikatswanderweg)

SCHWIERIGKEITSGRADE

Wanderungen in eine Schwierigkeitsskala zu zwängen, erweist sich oft als problematisch. Was der eine als Vergnügungsspaziergang bezeichnet, kann dem anderen Probleme und Ängste bereiten. Dennoch sollen die einzelnen Vorschläge durch eine Farbeinteilung grob gegliedert werden. Die Bewertung bezieht sich auf trockene Wege in unbeschädigtem Zustand. Mut zur Selbstkritik kann gegebenenfalls vor Unfällen bewahren. Weitere Angaben zum Charakter einer Wanderung beinhalten die Tourensteckbriefe. So findet jeder seinen Neigungen entsprechend das Passende.

■ LEICHT
Hierbei handelt es sich um leichte Touren ohne echte Gefahrenstellen, was kurze, kräftige Steigungen aber nicht ausschließt. Die Wanderwege und einfachen Pfade ohne ausgesetzte Passagen sind in der Regel gut beschildert und können von jedermann begangen werden.

■ MITTEL
In dieser Rubrik sind mittelschwere Touren für geübte Wanderer zusammengefasst, die auch mal Trittsicherheit und Achtsamkeit erfordern können. Sie eignen sich bei entsprechender Vorsicht auch für Kinder. Längere steile Wanderwege und Pfade setzen eine gewisse Kondition voraus.

BERGBAHNEN/BERGSTRASSEN

Feldberg, Schauinsland und Belchen sind mit Bergbahnen erschlossen; Kandel, Brend, Hochfirst, Hohe Flum und der Hochblauen sind mit dem Pkw erreichbar.

MEINE LIEBLINGSTOUR

Tour 27, die den naturbelassenen Alpinen Steig am Feldberg mit einer aussichtsreichen Höhenwanderung über den Stübenwasen verbindet, zeigt das ganze Spektrum, das der Schwarzwald zu bieten hat: Anspruchsvoll und spannend führt uns der erste Teil der Etappe durch unberührte, teils wilde Natur, während der zweite Abschnitt als Genusswanderung auf der Westseite des Feldbergs mit viel Aussicht über die Stübenwasenhütte zurück ins St. Wilhelmer Tal führt.

Blick vom Alpinen Steig über das St. Wilhelmer Tal zum Schauinsland.

MEINE HIGHLIGHTS

1

2

3

1: Der Hirtenpfad lässt uns die Schwarzwälder Landschaft mit anderen Augen sehen
→ Tour 37

2: Viel Abwechslung am Schauinsland: Besucherbergwerk, Skulpturenweg, Aussichtsturm, Bauernhofmuseum
→ Tour 19/20

3: Auch der beliebte Schluchsee hat seine stillen Ecken
→ Tour 46/47

4: Grandiose Aussichten bietet der Belchen schon im Aufstieg
→ Tour 23/24

5: Der Feldberg ist das Herzstück des Schwarzwalds und ein Wanderparadies ohnegleichen
→ Tour 27/28/29

4

5

HÜNERSEDEL • 744 m

Zum Aussichtsturm auf dem Freiamter Hausberg

12,75 km | 4:00 h | 433 hm | 433 hm

START | Brettental, Wanderparkplatz Hünersedelstraße, neben dem Feuerwehrhaus
[GPS: UTM Zone 32 x: 421.580 m y: 5.338.010 m]
CHARAKTER | Überwiegend Wald- und Wiesenwege, kurze Asphaltpassagen; beim Abstieg vom Hünersedel kann man eine steilere, etwas wurzelige und kehrenreiche Direktabstiegsvariante wählen.

Der 29 Meter hohe, im Jahre 2004 errichtete Hünersedelturm ist ein beliebtes Ausflugsziel, da er einen fantastischen Rundumblick gewährt: über die Rheinebene bis Straßburg, in die Vogesen und den Kaiserstuhl sowie im Süden zum Schauinsland, Feldberg und im Norden zum Kandel und bis zur Hornisgrinde.

▶ Vom **Wanderparkplatz** 01 hinter dem **Hotel Ludin** gehen wir ein paar Meter rechts zur Straße hinab und folgen der Ausschilderung „Hünersedeltour“. Wir biegen rechts in ein ansteigendes Asphaltsträßchen ein, passieren ein Hofgebäude und folgen links dem nun nicht mehr asphaltierten Wirtschaftsweg. Aussichtsreich

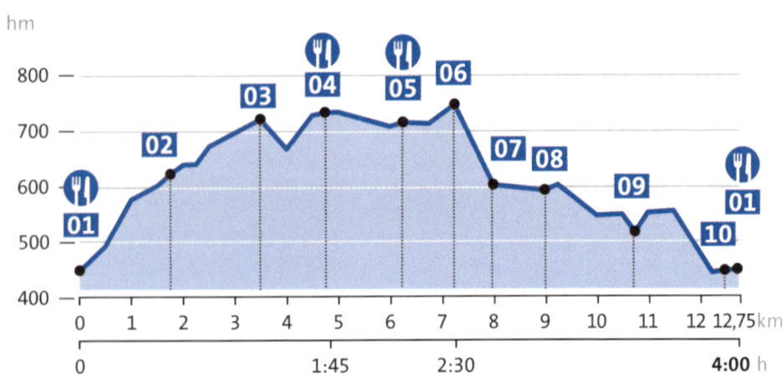

01 WP Brettental, 447 m; 02 Pos. Hocke, 620 m; 03 Pos. Hockenbühl, 718 m; 04 Wanderheim Kreuzmoos, 730 m; 05 Wandertreff-Kiosk, 712 m; 06 Hünersedel, 744 m; 07 Pos. Brettentaler Eck, 600 m; 08 Pos. Haiberich, 590 m; 09 Beim Silberloch, 515 m; 10 Kirche, 445 m

Der „luftige“ Hünersedelturm.

wandern wir über freies Wiesengelände hoch, umlaufen nach mehreren Richtungswechseln einen Grashügel und marschieren auf ein einzelnes Gebäude zu. Dort treffen wir auf Asphalt, halten uns links und biegen bei der **Pos. Hocke** **02** gleich wieder rechts ab. Auf einem Kiesweg leicht ansteigend stoßen wir auf eine kreuzende Forststraße und folgen ihr rechts zur Straße, der wir dann links bergauf folgen. An einem Hofgebäude vorbei, wieder auf Kies, steigen wir in einer Linkskurve in den Wald hoch und erreichen die **Pos. Hockenbühl** **03**. Aussichtsreicher passieren wir

Am Wanderheim Kreuzmoos.

den Paulyhof rechts unten und halten uns links Richtung Hünersedel. Am Waldrand entlang, dann rechts schwenkend, wandern wir über eine Wiesenkuppe zum **Wanderheim Kreuzmoos** 04.

Am Wanderheim vorbei geht es links hoch durch ein kurzes Waldstück, dann wieder rechts haltend über freies Wiesengelände und weitere Waldabschnitte, bis wir oberhalb der Dürrhöfe auf Asphalt und einen Parkplatz treffen. Wir biegen links ab, am Horizont ist schon der Hünersedelturm über den Baumspitzen zu erkennen, stoßen auf den **Wandertreff** 05, eine Hütte mit Biergarten-Atmosphäre, der Asphalt endet und wir wandern in Kurven auf den Wald zu.

An der Abzweigung zum **Luegemol Café** vorbei erreichen wir den Waldrand, der Weg steigt an und bringt uns hoch zum **Hünersedel** und zum Aussichtsturm 06. Der Weiterweg verzweigt sich kurz nach dem Turm, links ist ein kinderwagentauglicher Wanderweg, rechts ein schmaler Serpentinenweg ausgeschildert. Der steile Direktabstieg ist ziemlich verwachsen und wurzelig und führt am Waldrand mit dem leichten Wanderweg zusammen. Rechts weiter am Waldrand hinab kommen wir zum **Brettentaler Eck** 07, passieren eine schöne Aussichtsliege und marschieren weiter am Waldrand entlang. Links schöner Blick hinab nach Waldshut.

Vorbei an der **Pos. Haiberich** 08 folgen wir der gekiesten Fahrstraße leicht bergab, die wieder in Asphalt übergeht und die wir bei der Pos. **Schönwasen** nach links verlassen. Schöner Rückblick zum Hünersedelturm.

Es geht dann stärker bergab, zwischen Kuhweiden hindurch, zur Pos. **Beim Silberloch** 09, wo wir der Markierung „Hünersedeltour“ nach rechts folgen, wieder leicht ansteigend. Über die Pos. Über der

Blick hinab nach Brettental.

Dorfschmiede geht es in großen Kehren den Hang hinab zum Haus **Dorfschmiede**. Wir treffen auf Asphalt und erreichen wenig später die Autostraße. Nach links, an der **Kirche** 10 vorbei, gelangen wir zurück zum Hotel Ludin und zum **Wanderparkplatz** 01.

HÖRNLEBERG • 905 m

Wander- und Wallfahrtsberg über dem Elztal

13,5 km | 4:00 h | 584 hm | 584 hm

START | Oberwinden im Elztal, Bahnhofstraße, Parkplatz [GPS: UTM Zone 32 x: 429.000 m y: 5.333.710 m]
CHARAKTER | Am Anfang und am Ende asphaltierte Nebensträßchen, dann Wald-, Wiesen- und Forstwege, streckenweise schmälere Waldpfade, teils etwas wurzelig.

Drei Kreuzwege führen zur hoch gelegenen Wallfahrtskapelle Unsere Liebe Frau hinauf, die eine wunderbare Aussicht am Gipfel des Hörnlebergs bietet.

▶ Gegenüber vom **Bahnhof** in **Oberwinden** 01 folgen wir der mit einer gelben Raute markierten Hörnlebergtour. Rechter Hand geht es auf Asphalt unter der Bahn hindurch, dann links am Friedhof entlang bis zum Ende der Straße, wo wir auf eine Straße treffen, nach links erneut die Bahn unterqueren und uns dann rechts halten.

Wir wandern auf Asphalt auf den großen **Merklehof** 02 zu, passieren ihn und folgen dem nun gekiesten Weg über freie Wiesen an einer Baumreihe entlang. Von hier aus ist schon der Sendemasten und die Wallfahrtskirche auf dem Hörnleberg links oben am Waldrand zu erkennen. Mit schöner Aussicht stoßen wir auf ein weiteres Sträßchen, dem wir links an-

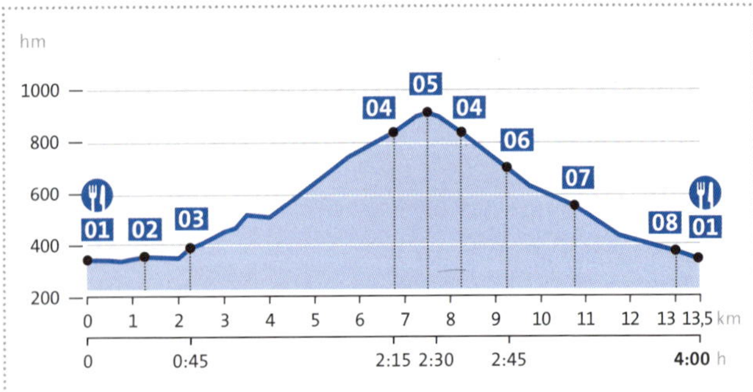

01 Oberwinden-Bhf, 340 m; 02 Merklehof, 352 m; 03 Beim Elztalhotel, 385 m; 04 Hörnleberg-Stationenweg, 828 m; 05 Hörnleberg, 905 m; 06 Hörnlebergerhütte, 692 m; 07 Jagdhaus Alke, 545 m; 08 Steinmattensee, 370 m

Fernblick vom Hörnleberg über den Freiluftaltar.

steigend zur **Pos. Beim Elztalhotel** 03 folgen. Vor der auffälligen Hotelsiedlung biegen wir rechts ab, überqueren beim letzten Gebäude scharf rechts einen Bachlauf über ein Brückchen und steigen in den Wald hoch. Zunächst kehrenreich durch lichten Wald und am Waldrand entlang weiter hoch, bis bei einem breiten Plateau ein schmaler, wurzeliger Pfad in den Wald hinein geht.

Der Pfad verbreitert sich, fällt sogar leicht ab, bis wir wieder ins Freie treten und auf einen Forstweg

Die Marienstatue kurz unterhalb der Wallfahrtskirche.

treffen. Wir schwenken links hoch und folgen dem breiten „Wanneweg". Nach einem Gedenkmarterl bringt uns eine scharfe Rechts-, dann eine Linkskurve weiter hoch, oberhalb ist bereits der Sendemasten zu sehen. Nach weiteren Kehren gelangen wir zur Pos. Am Umsetzer und gehen geradeaus auf einem breiten, weniger steilen Waldweg mit blauer Raute durch schattigen, hochstämmigen Wald. Vorbei an Kreuzwegstationen erreichen wir die **Pos. Hörnleberg-Stationenweg** 04, steigen weiter an und kommen nach einer großartigen Aussichtsstelle zunächst zu einer **Marienstatue** rechts am Weg, und wenige Meter später zur Wallfahrtskapelle auf dem **Hörnleberg** 05. Eine wunderbare Aussicht erwartet uns. Anhand von Bestimmungstafeln können wir uns orientieren und den Blick über den Freiluftaltar in die Rheinebene, in die Vogesen und zur Hornisgrinde genießen.

Beim Abstieg drehen wir bei der **Pos. Hörnleberg-Stationenweg** 04 nach rechts und folgen der gelben Raute. Herrlicher Blick über Nieder- und Oberwinden. Am Hörnlebergbrunnen passieren wir eine schöne Aussichtsstelle, wandern stetig bergab und ignorieren die Wegabzweigungen.

Bei einer markanten Wegkurve auf freier Lichtung stoßen wir auf die **Hörnlebergerhütte** 06 und folgen dem Weg links, schattige Passagen wechseln mit sonnigen ab. Der Forstweg geht in Asphalt über, wir stoßen auf den Hörnlebergerrank und bleiben auf dem asphaltierten Sträßchen, das sich abwärts durch den Wald schlängelt. Nach einer ausgeprägten Linkskurve passieren wir das **Jagdhaus Alke** 07 (Infotafel Hörnlebergtour) und wandern weiter bergab.

Mehrmals unterquert das begleitende Bächlein unser Sträßchen, bis wir – vorbei an der Pos. Im Erzenbach und einiger Häuser und Höfe – den **Steinmattensee** 08 erreichen. Der Zugang zum See, über eine Steinbrücke und den kleinen Bach, ist allerdings versperrt: Fischereigebiet. Wenig später erreichen wir die ersten Häuser und marschieren auf dem straßenbegleitenden Gehweg leicht bergab zu unserem Ausgangspunkt bei der Pos. **Oberwinden-Bahnhof** 01.

Jagdhaus Alke.

ELZACHER HÖFETOUR

Auf dem Schwarzwälder Brotweg

11,25 km | 3:30 h | 470 hm | 470 hm

START | Elzach-Yach, Wanderparkplatz an der Ortsstraße, gegenüber von der Kirche; alternativ: Parkplatz beim Bierhäusle [GPS: UTM Zone 32 x: 432.400 m y: 5.334.450 m]
CHARAKTER | Nebensträßchen bis zum Schneiderbauernhof, dann Wald- und Wiesenwege, kurze wurzelige, teils schmale und steilere Pfadpassagen, zum Schluss nochmals Asphalt.

Auf dieser insgesamt eher gemütlichen Rundwanderung lernen wir nicht nur eine abwechslungsreiche Landschaft kennen, sondern erfahren viel über das bäuerliche Leben und die Bedeutung des Brotbackens. Infotafeln bei den Höfen informieren über die jeweiligen Backtage – oder informieren Sie sich vorab, wenn Sie an selbstgebackenem Brot interessiert sind.

▶ Ausgangspunkt ist der **Wanderparkplatz** in **Elzach/Yach** 01, direkt neben der Ortsstraße, vor der Kirche. Bei der Infotafel zum Brotweg gehen wir zur Straße vor und folgen dem Gehweg durch den Ort, vorbei am Gasthof Adler, dem Rathaus, dem Heimatmuseum und dem Gasthof Sonne. Wir wandern auf dem Fußweg neben der Straße zur Pos. **Bierhäusle** 02. Hier ist ein alternativer Startplatz,

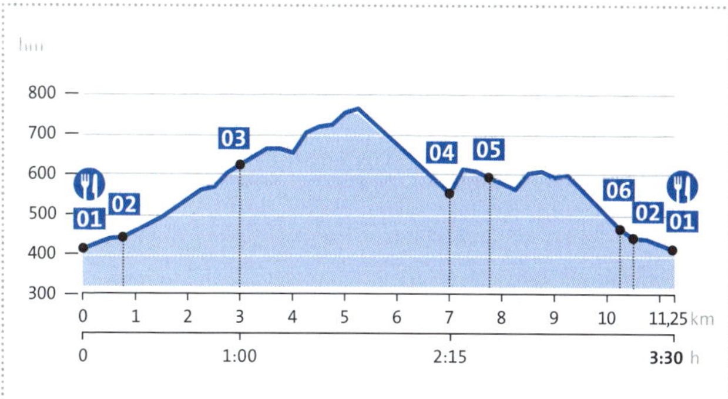

01 WP Elzach-Yach, 410 m; 02 Bierhäusle, 438 m; 03 Schneiderbauernhof, 620 m; 04 Tränkleshof, 550 m; 05 Bernhardenhof, 590 m; 06 Schätzlehof, 460 m

Der Schätzlehof thront über dem Yachtal.

mit kleinem Parkplatz, Bushaltestelle und ebenfalls einer Infotafel zum Brotweg.

Wir gehen am Bierhäusle vorbei, folgen der leicht ansteigenden Straße durch die Häuser, passieren ein Hinweisschild zum Naturdenkmal Siebenfelsen (4 km) und gelangen auf dem Asphaltsträßchen zu einer Wegverzweigung. Wir bleiben links, steigen leicht an zum Waldrand und biegen bald scharf rechts ab zum **Schneiderbauernhof** 03, der leicht erhöht liegt. Hier verläuft parallel zum Brotweg auch der Hirtenweg.

Hinter dem Hof, der auf einer Infotafel als größter Hof im Elztal beschrieben wird (137 ha), biegen wir rechts ab. Der Asphalt endet und wir traversieren auf einem gekiesten Weg am Hang entlang. Schöner Blick rechts hinab ins Tal und zu unserem Hinweg. Bei der nächsten Verzweigung marschieren wir geradeaus weiter, der Weg steigt an und wir erreichen wieder den Waldrand. Links ist ein Rotwildgehege ausgeschildert und Hundebesitzer werden gebeten, ihre Vierbeiner an die Leine zu nehmen. Wir halten uns bei der nächsten Wegteilung rechts und folgen einem grasigen Wiesenweg.

Der zunächst freie Blick endet im schattigen Wald, aber nach einer Rechtskehre, wieder leicht ansteigend, lichten sich die Bäume. Ein flacher und aussichtsreicher Panoramaweg führt uns erneut in schattigen Tannenwald. Vorbei an einer Infotafel (über Bergwege), verlassen wir kurz darauf unseren Weg, der rechts abbiegt, und steigen linkshaltend steiler an (Brotweg-Schild). Der zunächst breite, wurzelige und steile Waldweg schwenkt nach links und verengt sich zu einem schmalen Pfad, der wieder deutlicher ansteigt. Wir stoßen auf einen breiteren Querweg und wenig später auf einen breiten, gekiesten Forstweg. Eine Infotafel zum Thema „Speckräuchern" passierend, verlassen wir den Weg und biegen links ab in einen schmalen Waldpfad, der diagonal ansteigend am Waldhang entlang verläuft. Wir stoßen auf eine aussichtsreiche Sitzbank und folgen der Beschilderung geradeaus; vorbei an einer Infotafel zum Thema „Holz und Brotbacken".

Der schmale, steinige Pfad führt am Waldrand entlang, dann geht es in freies Wiesengelände hinaus. Bei der Pos. Tränklesecke trennen sich Hirtenweg (links hoch) und Brotweg (rechts hinab). Auf dem Kiessträßchen wandern wir über Wiesen bergab, passieren eine Hütte und gelangen in Wald. Dann aufgepasst! In einer S-Kurve verlassen wir den abwärts führenden Forstweg (zwei Aussichtsstühle am Wegrand) und steigen auf einem schmalen Waldpfad am Waldrand entlang bergab, stoßen wieder auf freies Wiesengelände und sehen vor uns einen Hof mit kleiner Kapelle. Wir gehen auf den **Tränkleshof** 04 zu, auf Asphalt, und biegen links in den Wald hoch.

Weiter ansteigend traversieren wir auf einem Wiesenpfad den rechts abfallenden Hang und erreichen abwärts gehend das Dorf Rauchengrund, Asphalt, und den **Bernhardenhof** 05. Das Asphaltsträßchen führt in Kehren bergab, dann biegen wir in den nicht asphaltierten Katzenbühlweg ab, der wieder ansteigend in den Wald hinein führt. Bei einer deutlichen Linkskehre verzweigt sich der Weg, wir schwenken nach rechts und folgen dem Brotwegschild aus dem Wald hinaus. In einer Rechtskehre biegen wir links ab, stoßen auf eine Aussichtsbank mit herrlichem Blick hinab nach Yach.

Wenig später, nach einem Weidezaun, erreichen wir Häuser und Asphalt und passieren rechts den **Schätzlehof** 06. Wenige Meter später sind wir unten an der Straße und bei der Pos. Bierhäusle. Nach links, entlang der Straße, wandern wir durch den Ort zurück zum Ausgangspunkt beim **Wanderparkplatz** 01 an der Kirche.

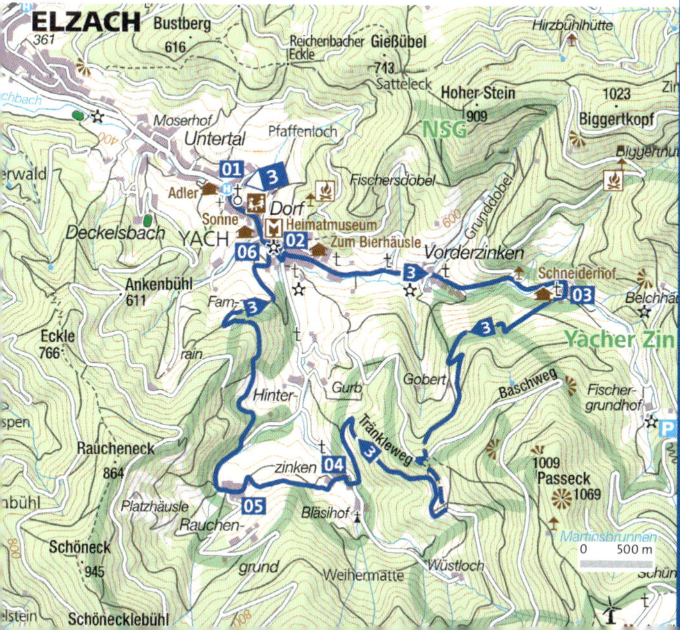

TRIBERGER WASSERFÄLLE

Großartige Rundtour um das Triberger Naturschauspiel

9 km | 3:00 h | 337 hm | 337 hm

START | Triberg, Hauptstraße, am Haupteingang zu den Wasserfällen; Parkmöglichkeiten beim Schwarzwaldmuseum [GPS: UTM Zone 32 x: 442.720 m y: 5.330.920 m]
CHARAKTER | Steilerer Anstieg auf dem Kaskadenweg zu den Wasserfällen und vom Unterdorf zum Dreikaiser-Felsen, breite Forstwege und schmälere Waldpfade, nur kurze Asphaltpassagen.

Die Triberger Wasserfälle, eingebettet in eine herrliche Schwarzwaldlandschaft, haben durch die romantische Darstellung auf unzähligen Bildern das touristische Bild des „Wasserfalls" in Deutschland entscheidend mitgeprägt.

Vom Haupteingang der Wasserfälle in **Triberg** 01 folgen wir dem ausgeschilderten breiten Kaskadenweg am Bachlauf entlang. Nach ein paar Metern kann man zwischen einem steileren und einem weniger steilen Anstiegsweg wählen und gelangt auch zu einer ersten wunderbaren Aussichtsstelle. Wir entscheiden uns für den schmalen, asphaltierten Weg, der in engen, steilen Serpentinen (mit Holzgeländer) nach oben zu einem kleinen Pavillon und zu einer Verzweigung bei der Pos. Wasserfälle führt, die imposanten Wasserfälle stets vor Augen. Wir halten uns rechts Richtung Bergsee (gelbe

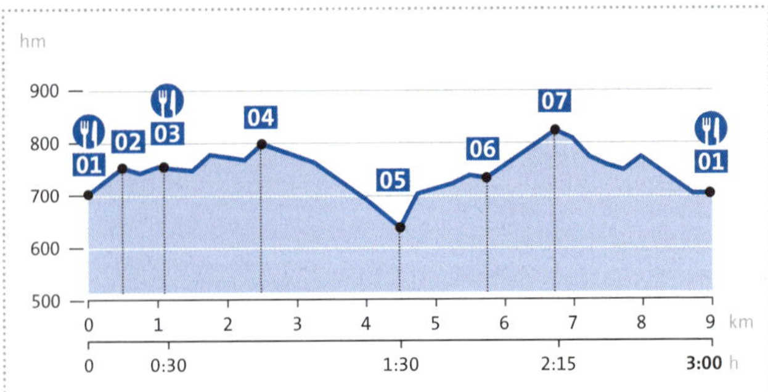

01 Triberg, 700 m; 02 Bergseebrücke, 750 m; 03 Bergsee, 748 m; 04 Ehrenmal, 795 m; 05 Bahnhofsbrücke, 635 m; 06 Russenbuche, 730 m; 07 Dreikaiserfelsen, 820 m

Eine der Attraktionen im Schwarzwald: die Triberger Wasserfälle.

Raute) stoßen auf eine weitere Verzweigung bei der **Bergseebrücke** 02 und überqueren den Bach. Es geht auf Kies leicht bergab, wird dann flach und wir haben einen schönen Tiefblick rechts hinab nach Triberg. Wir passieren eine Abzweigung, die links hoch zur oberen Wasserfallbrücke leitet, gehen geradeaus weiter zu einem weiteren Aussichtspavillon bei der Pos. Eingang Bergseebrücke.

An einem Hochseilgarten vorbei gehen wir geradeaus weiter, mit Blick rechts hinab zur Triberger Wallfahrtskirche. Wir stoßen wieder auf Asphalt und wandern leicht bergab zum vor uns liegenden **Bergsee** 03.

Am Bergsee, kurz nach den Wasserfällen.

Vor dem Bergseestüble biegen wir rechts in einen Asphaltweg, der uns steiler zur Clemens-Maria-Hofbauer-Straße hinab bringt, dann folgen wir der Schönwälder Straße auf dem Gehweg rechts hinab. Wir überqueren die Bundesstraße und einen Bach und biegen rechts in den Panoramaweg ein. Der asphaltierte Gehweg steigt leicht an, wir passieren die Pos. Am Kroneck und bleiben auf dem asphaltierten, jetzt flachen Weg Richtung Ehrenmal. Der Asphalt hört auf, wenn die Waldstraße nach rechts abzweigt, wir folgen dem Kiesweg links und wandern in einem Rechtsbogen am Waldrand entlang, mit freiem Blick nach rechts ins Tal.

Kurz darauf erreichen wir das **Ehrenmal** 04, den Paul-von-Hindenburg-Turm; schöner Blick hinab zum Eingang der Wasserfälle. Wir folgen weiter dem gekiesten Panoramaweg, ignorieren die Abzweigung rechts hinab nach Triberg. Vorbei an schönen Aussichtsstellen mit Ruhebänken schwenken wir bei der Pos. Panoramaweg vom breiten Weg ab und steigen auf einem schmalen Waldpfad (gelbe Raute) in einer großen Rechtskehre über einen steilen, lichten Waldhang bergab. Wir traversieren hinab zu Häusern, gelangen wieder auf Asphalt (Schlachthausstraße) und erreichen bei der Bundesstraße die Pos. Unterstadt.

Links auf dem straßenbegleitenden Gehweg marschieren wir zum Bahnhof, unterqueren die **Bahnhofsbrücke** 05 und halten uns rechts hoch via Russenbuche. Vorbei am Gerwig-Denkmal überqueren wir die Straße und steigen einen schmalen, anfangs asphaltierten Pfad hoch. Bald geht es über steile Stufen in engen Serpentinen (mit Holzgeländer) berghoch zu einem aussichtsreichen hölzernen Pavillon.

Wir folgen dem schmäleren Pfad, der schön am Hang entlang verläuft und uns zu einer Verzweigung bei der Pos. Schützenhaus bringt. Wir halten uns rechts, steigen leicht an, überqueren eine

Wiesenfläche (mit Spielgeräten), stoßen auf einen Forstweg und treffen rechts in einer Kurve auf ein Asphaltsträßchen. Hier ist eine Infotafel angebracht, die uns erläutert, dass das kleine Bäumchen die 2006 neu gepflanzte **Russenbuche** 06 ist; die alte, 36 m hohe Buche musste 2004 gefällt werden. Wir folgen dem Sträßchen (gelbe Raute), wieder leicht ansteigend, und schwenken bei der nächsten Linkskehre rechts auf einen nicht asphaltierten Forstweg ab. Weiter ansteigend biegen wir bei der Pos. 730 m scharf links ab und erreichen über eine breitere Forststraße den **Dreikaiserfelsen** 07.

Am Aussichtspavillon vorbei geht es den Wald hinab zu einem breiten Forstweg, dem wir kurz nach links folgen, ihn aber bald nach rechts verlassen und den ausgeschilderten NordicWalkingWegen folgen. Ein schöner Waldpfad bringt uns hinab zu einem mit gelber Raute markierten Weg. Wir halten uns links und wandern, mit herrlichem Ausblick hinab nach Triberg und ins Tal, zu den ersten Häusern und zur Straße.

Über die Rohrbacher Straße und über den Bach hinüber folgen wir der gelben Raute, wieder ansteigend Richtung Wald, rechts unten ist das Schwimmbad zu sehen. Wir passieren den Julius-Wetzel-Stein und folgen der blauen Raute bergab. Zuletzt wieder auf Asphalt kommen wir zur Pos. Kurhaus und sind nach 200 m wieder am Haupteingang der Triberger Wasserfälle.

Der Paul-von-Hindenburg-Turm.

ST. GEORGEN – LANGENSCHILTACH

Die sonnige Bergstadt im Schwarzwald

11 km | 3:30 h | 247 hm | 247 hm

START | St. Georgen, Gasthaus zur Stadt Frankfurt, Rupertsweg 2, Parkplatz
[GPS: UTM Zone 32 x: 450.440 m y: 5.331.140 m]
CHARAKTER | Überwiegend Forst-, Wald- und Wiesenwege, im Stadtbereich asphaltierte Gehwege und Nebensträßchen.

Das an der Rhein-Donau-Wasserscheide und an der Deutschen Uhrenstraße gelegene St. Georgen repräsentiert mit seinen abgelegenen Stadtteilen und vielen Einzelhöfen noch den dörflichen Charakter einer ursprünglich ländlich geprägten Schwarzwaldlandschaft.

Wir starten in St. Georgen beim **Gasthaus zur Stadt Frankfurt** 01, folgen dem Galetschweg, den wir nach rechts in den Kiefernweg verlassen. Geradeaus durch die Häuser gelangen wir über den Eschenweg zum **Naturdenkmal** Bergahorn (von 1725) 02. Wenig später, bei einer Verzweigung, halten wir uns rechts und folgen der Gelbmarkierung Richtung Langenschiltach. Auf dem Asphaltsträßchen leicht ansteigend geht's durch schattigen Wald, dann über freie Wiesen wieder Richtung Waldrand. Eine kreu-

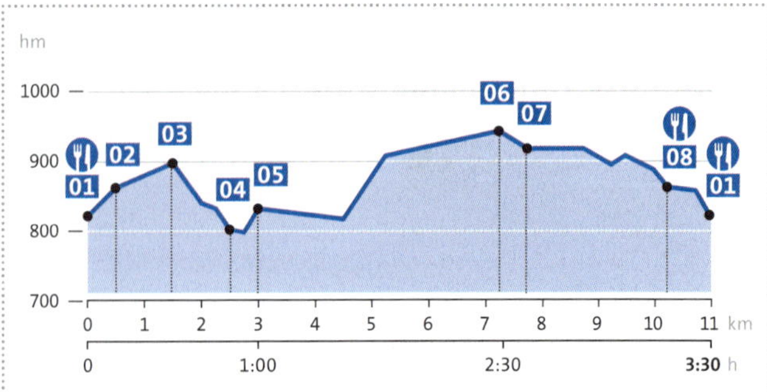

01 Ghs. Zur Stadt Frankfurt, 820 m; 02 Naturdenkmal, 860 m; 03 Pos. Hiesemichelshöhe, 895 m; 04 Pos. Föhrenbächle, 800 m; 05 Uhrenhändlerhof, 830 m; 06 Rentnerhütte, 940 m; 07 WP Wagschachen, 915 m; 08 Marktplatz, 860 m

zende Asphaltstraße überqueren wir und stoßen auf der gegenüberliegenden Seite auf die Pos. **Hiesemichelshöhe 03**. Ein nicht asphaltierter Forstweg (teils mit gepflasterten Fahrspuren) bringt uns links, über offenes Wiesengelände, leicht bergab erneut zum Waldrand.

Zunächst wieder asphaltiert, überqueren wir ein Asphaltsträßchen und wandern in den Wald hinein und auf einem Naturweg weiter, wieder leicht bergab. Unterhalb der rechts oben verlaufenden Autostraße gelangen wir zur **Pos. Vorderes Föhrenbächle 04**, durchschreiten ein kurzes Waldstück bergab und halten uns dann links auf einem asphaltierten Weg, der uns in ein Tal mit einzelnen Gehöften bringt.

Am tiefsten Punkt unterquert uns ein Bächlein, aber jetzt steigt der Weg wieder an und schlängelt sich schön durch Wiesen und am Hang entlang. Wir passieren den **Uhrenhandlerhof 05** und folgen

Liegt direkt am Weg: das Naturdenkmal Bergahorn.

der gelben Raute nach rechts in einen Feldweg, der ziemlich eben am Waldrand entlang führt. Der Weg verbreitert sich, führt in den Wald hinein, rechts passieren wir einen großen Fischteich. Kurz darauf öffnet sich der Blick nach rechts, Windräder und Häuser tau-

Einzelhöfe prägen das Bild der Landschaft um St. Georgen.

Blick hinab nach Langenschiltach.

chen auf und wir stoßen auf Asphalt und die Abzweigung, die uns rechts in den St. Georger Stadtteil Langenschiltach hinab leitet.

Wir bleiben links, gelbe Raute, steigen auf dem Asphalt kurz an und biegen beim letzten Haus links ab in einen unbefestigten Waldweg. Wir überqueren eine Forststraße, gehen weiter geradeaus, stetig berghoch und verlassen den breiten Forstweg nach rechts am Waldrand entlang zu einer Lichtung. Bei der Pos. Auf der Ecke Ost stoßen wir auf einen breiten Forstfahrweg und folgen der blauen Markierung in Richtung Rentnerhütte. Über Wiesen und am Waldrand entlang erreichen wir eine Kreuzung von Kiesstraßen bei der Pos. **Rentnerhütte** **06**, wo zwei Holzbänke stehen.

Bei der nächsten Verzweigung, an der Pos. Hasenspielplatz, biegen wir rechts ab und wandern leicht abwärts, schön schattig im Wald, zum **Waldparkplatz Wagschachen** **07**. Zunächst rechts, dann biegen wir mit dem Vitaparcours-Weg links ab. Vorbei an Tennisplätzen und an der Abzweigung zum Stadion bleiben wir rechts auf dem breiten Weg, der leicht fallend hinab zur Autostraße führt, Pos. St. Georgen Waldstraße.

Linkshaltend, über Treppenstufen, steigen wir hoch zur Gaststätte Rossbergstadion, folgen der Straße Am Stadion und wandern durch einen kleinen Park, an der Schule vorbei, auf einen sehr aussichtsreichen Wanderweg, der uns zum Hotel Berggasthof und in die Mozartstraße bringt. Über die Roßbergstraße und die Karl-Maier-Straße gelangen wir zum **Marktplatz** **08** und zum Deutschen Phonomuseum.

Über die Straße Am Markt und die Weidenbächlestraße, vorbei an der Neuapostolischen Kirche, gelangen wir in die Talstraße, die uns nach links direkt zum **Gasthaus zur Stadt Frankfurt** **01** zurückführt.

Am Marktplatz in St. Georgen, links das Deutsche Phonomuseum.

WALDPFAD GROPPERTAL

Beschauliche Wald- und Wiesenwanderung zum Wildgehege Salvest

12 km | 3:45 h | 197 hm | 197 hm

START | Villingen, Wanderparkplatz Tannenhöhe, Obere Waldstraße [GPS: UTM Zone 32 x: 457.380 m y: 5.324.260 m]
CHARAKTER | Breite Forstwege und schmälere Wald- und Wiesenpfade mit kurzen Wurzelpassagen, kaum Steigungen.

Der anfangs zusammen mit dem Schwarzwald-Ostweg verlaufende Premiumwanderweg „Waldpfad Groppental“ bietet Einblicke in frühere Bergbautätigkeit und spannt einen interessanten Bogen von felsigen Aussichtspunkten zu idyllisch gelegenen Einkehrstätten und einem familienfreundlichen Wildgehege mit Rast- und Spielplatz.

Vom **Wanderparkplatz Tannenhöhe** 01 folgen wir der rot-schwarzen Raute, mit der der Waldpfad Groppertal markiert ist. Auf schmalem wurzeligem Waldpfad wandern wir oberhalb der links unten verlaufenden Autostraße und Bahn durch den lichten Wald. Bei der **Pos. Beim Armbad** 02 teilt sich der Weg, wir halten uns rechts, passieren links unten den Kirnacher Bahnhof und stoßen auf die „Steinerne Sau“, ein interessantes Fotomotiv. Nach einem weiteren Brunnen mit Tisch und Bänken erreichen wir den fel-

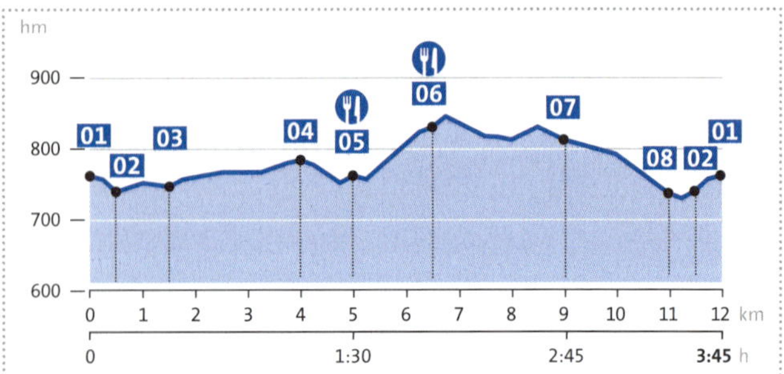

01 Villingen, WP Tannenhöhe, 760 m; 02 Pos. Armbad, 738 m; 03 Uhufelsen, 745 m; 04 Pos. Meleck, 782 m; 05 Gasthaus Forelle, 760 m; 06 Gasthaus Breitbrunnen, 828 m; 07 Wildgehege Salvest, 810 m; 08 Ganter-Denkmal, 735 m

Gasthaus Forelle im Groppertal.

sigen, geländergesicherten Aussichtspunkt **Uhufelsen** 03, etwas links unterhalb des Weges, direkt über der Straße.

Der wurzelige und teils steinige Pfad schlängelt sich ganz leicht ansteigend am Waldhang entlang, stets oberhalb der links unten verlaufenden Straße und Bahn, abwechselnd durch eng stehende Tannen und durch lichten Wald. Wir stoßen auf eine neu angelegte Trasse, der wir linker Hand auf schmalem Fußweg folgen.

Nach einer größeren Linkskurve am nun ziemlich flachen Waldhang überqueren wir einen Bachlauf, stoßen auf einen kreuzenden Forstweg, Pos. Groppertal. Wir halten uns mit dem Ostweg nach rechts, ein leicht ansteigender schmaler Pfad, der dann in einen Kiesweg mündet und uns zur **Pos. Meleck** 04 bringt. Der Blick nach links öffnet sich, am gegenüberliegenden Hang sind einzelne Bauernhöfe zu erkennen.

Hier zweigt der Ostweg nach rechts von unserer Route ab, wir bleiben mit der gelben Raute geradeaus und biegen dann wenig später auf einen schmäleren Waldpfad nach links ab. Etwas steiniger fällt der Weg zunächst leicht, dann etwas stärker zur Straße ab, wir halten uns rechts von der Straße und nach einem kleinen Steg gehen wir auf das **Gasthaus Forelle** 05 zu.

Ein paar Meter später schwenken wir nach links, überqueren die Straße, die Bahn und die Brigach. Rechts ist ein großer Steinbruch zu sehen. Der Waldpfad Groppertal zeigt nach links, wir wandern an der links etwas unterhalb von uns fließenden Brigach entlang ins freie Wiesenland auf einzelne Häuser zu, leicht ansteigend bis zu einer Wegteilung. Wir schwenken nach rechts, das Asphaltsträßchen steigt an und vor zwei Höfen halten wir uns scharf links. Kurz bergab, dann wieder ansteigend und über Almwiesen Richtung

Gasthaus Breitbrunnen.

Wald. Ein steiniger, pflanzenreicher Waldpfad bringt uns zu einer breiteren, gekiesten Forststraße, die wir bei einer Bank und einem großen Stein (mit Richtungsangabe Breitbrunnen) nach rechts verlassen. Der grasige Waldpfad führt uns aus dem Wald und über eine Wiese zum **Gasthaus Breitbrunnen** 06, das ein paar Meter rechts vom Weg liegt und uns in den Biergarten einlädt.

Nach dem Gasthaus schwenken wir nach links auf einen Kiesweg, der an Wiesen und Getreidefeldern vorbei wieder Richtung Wald leitet. Bei der nächsten Wegespinne (Pos. Breitbrunnen 843 m) biegen wir scharf links ab, verlassen den breiten Weg aber nach 100 m nach rechts (Steinmarkierung Salvest), folgen dem Waldpfad bis zum Waldrand, wo wir rechts auf einen breiten Kiesweg abbiegen. Den leicht abwärts führenden Weg verlassen wir wieder nach rechts in den Wald hinein und gelangen nach einer deutlichen Linkskehre auf einen gekiesten Fahrweg und die Pos. Gropperhof. Wir halten uns rechts und folgen dem Salvestweg, bis wir eine Lichtung und das **Salvest-Wildgehege** 07 erreichen.

Vor dem Wildgehege schwenken wir nach links, vorbei an Infotafeln, Spielgeräten und Ruhebänken und wandern auf einem schmalen Waldpfad, parallel zu einem breiten Kiesweg, leicht abwärts. Gepflasterte Steine am Weg veranschaulichen uns, dass wir uns auf einem Römerweg befinden (Infotafel) und bringen uns zum steinernen **Ganter-Denkmal** 08.

Wenig später treffen wir auf eine Kiesstraße, überqueren die Brigach und gehen rechtshaltend am alten Bahnhof vorbei und dann links über die Gleise. Wir steigen über ein paar steile Stufen auf schmalem Pfad in den Wald hoch, stoßen bei der **Pos. Armbad** 02 auf unseren Hinweg, bie-

Spielplatz beim Wildgehege Salvest.

gen rechts ab und gelangen kurz darauf zum Ausgangspunkt beim **Wanderparkplatz Tannenhöhe 01** zurück.

7

STÖCKLEWALDTURM • 1068 m

Große Runde zum Triberger Galgen und zur Brigachquelle

16 km | 5:00 h | 352 hm | 352 hm

START | Parkplatz an der K5728 zwischen Unterkirnach und Schönwald, Bushaltestelle Am Todtenhund
[GPS: UTM Zone 32 x: 446.240 m y: 5.327.540 m]
CHARAKTER | Überwiegend Forst-, Wald- und Wiesenwege, teils schmale, verwachsene Pfade, asphaltierter Geh-/Radweg vor der Brigachquelle.

Ein historischer Galgen, ein ca. 25 m hoher Aussichtsturm, mehrere Wanderheime und Gasthöfe und nicht zuletzt die Brigachquelle, einer der Quellflüsse der Donau, die große Achtertour über den Kesselberg und um den Stöcklewald bietet alles, was das Wanderherz begehrt.

Wir starten vom **Parkplatz Am Todtenhund** 01, unterhalb der Straßenabzweigung nach Schlempen (Freizeitheim). Ein Stück an der Straße entlang hoch zum Wald, wo wir auf die blaue Raute treffen, der wir rechts auf einem schmalen Pfad in den Wald hinein folgen. Zunächst schottrig, dann grasig bringt uns der Pfad zur **Pos. Kesselberg** 02. Wir folgen links der Markierung rote Raute mit Weißstrich zum Stöcklewald-Parkplatz/-turm. Leicht abwärts verlas-

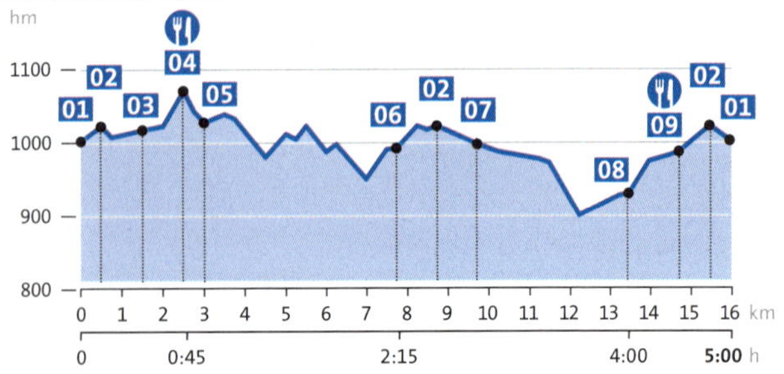

01 Parkplatz Am Todtenhund, 1000 m; 02 Pos. Kesselberg, 1020 m; 03 Galgen, 1015 m; 04 Stöcklewaldturm, 1068 m; 05 Jugendzeltlagerplatz, 1025 m; 06 Freizeitheim Schlempen, 990 m; 07 Kesselberghaus, 995 m; 08 Hirzbauernhof/Brigachquelle, 928 m; 09 Ghs. Hirzwald, 985 m

Der historische Triberger Galgen.

sen wir bald den Wald, überqueren eine Wiese und folgen einem schmalen Graspfad oberhalb der Straße, die links neben uns verläuft. Wir überqueren 50 m später die Straße und gehen auf der anderen Seite ein Stück zurück (Bushaltestelle Fuchsfalle).

Hinter dem Bushäuschen nach rechts und wieder auf schmalem Pfad entlang der Straße. Wenn diese eine Linkskurve macht, gehen wir geradeaus, durchqueren ein kurzes Waldstück und wandern dann über freies Wiesengelände an einem Haus vorbei wieder zum Waldrand. Parallel zur Straße schwenkt unser Pfad stärker in den Wald hinein und bringt uns zu einer Lichtung, wo der Triberger **Galgen** 03 steht (eingemeißelt die Jahreszahl 1721). Von hier aus kann man links den Stöcklewaldturm über den Baumspitzen erkennen. Wir wandern weiter auf dem grasigen Pfad, erreichen die Straße und stoßen auf eine Infotafel: Europäische Wasserscheide Nordsee–Schwarzes Meer. Bei der Pos. Am Galgen überqueren wir die Straße, ein paar Meter geht es auf Asphalt weiter, dann bringt uns ein Forstweg zum Stöcklewald-Parkplatz und wir werden im Forstbetrieb des Fürst zu Fürstenberg willkommen geheißen. Bei einer Wegteilung (links Fußgänger, rechts Radler) halten wir uns links, passieren eine Schranke und eine kleine Grabstelle und folgen links einem Abkürzungsweg, einem grasigen Waldpfad, der uns leicht ansteigend zum **Stöcklewaldturm** 04 hoch leitet.

Vom Turm geradeaus geht es leicht bergab zur Pos. Hinteres Stöckle, dann links hinab zum **Jugendzeltlagerplatz** 05 (Kurt-Roth-Haus) und in Höhe des Hauses scharf links, in einen nicht markierten, breiten, leicht ansteigenden Waldweg (Gelbmarkierung im Wald). Wir folgen bei einer kreuzenden Forststraße der Gelbmarkierung nach rechts, leicht bergab, stoßen auf eine weitere Forststraße, die wir in einer scharfen Rechtskurve nach links verlassen, und steigen wieder leicht an.

Der Stöcklewaldturm.

Mit mehreren Richtungswechseln und in leichtem Auf und Ab folgen wir dem breiten Weg durch Wald und über Lichtungen, halten uns bei kreuzenden Forstwegen rechts und gelangen zur Autostraße. 50 m links, dann überqueren wir die Straße und folgen rechts dem asphaltierten Fuchsfallenweg, biegen aber hinter den Häusern (Blessinghof) sofort rechts ab. Beim letzten Haus schwenken wir nach links auf einen ansteigenden Grasweg Richtung Wald.

Bei einer Verzweigung bleiben wir rechts und steigen zum **Freizeitheim Schlempen** 06 hoch. Auf einem teils steinigen und wurzeligen, aber recht breiten Pfad wandern wir leicht ansteigend durch den schattigen Wald und treffen schließlich auf die Straße und unseren Hinweg. Bei der Pos. **Kesselberg** 02 biegen wir diesmal scharf rechts ab und folgen der roten Raute mit Weißstrich auf einem schönen Wurzelpfad durch den Tannenwald.

Wir passieren die Infotafel Auf dem Kesselberg (Höchste Erhebung auf dem Gebiet der Stadt St. Georgen), der Weg fällt leicht ab und bringt uns zu weiteren Tafeln mit Informationen zu den Themen „Bergbauern Kesselberg" und „Kesselbergverwerfung". Links taucht das **Kesselberghaus** 07 auf, wir halten uns rechts zur Straße vor und gehen auf einem Wiesenpfad am Waldrand entlang. Bei der Bushaltestelle Kesselbergweg treffen wir die Straße, die wir zweimal überqueren, bevor wir links wieder in den Wald abbiegen. Leicht abwärts schwenken wir mit der Rotmarkierung kurz rechts, um bei der nächsten Verzweigung in einen nicht markierten Wiesenweg links abzubiegen. Am Waldende stoßen wir auf ein Asphaltsträßchen, das uns in Serpentinen bergab zu Häusern und zur Autostraße leitet. Wir halten uns links und marschieren auf dem asphaltierten Gehweg am Rappenweberhof (mit Schnapsbrennerei) und am Deckerhof vorbei, bis nach links ein Anliegersträßchen (Obertalstraße) abbiegt, dem wir folgen.

Kurz darauf sind wir beim Hirzbauernhof und der **Brigachquelle** 08. Am Hof vorbei geht es auf Asphalt hoch zum Waldrand, hier endet der Asphalt und wir wandern mit schöner Aussicht links (blaue Raute) am Waldrand entlang. Wir nähern uns wieder der Straße (Pos. Unterer Hirzwald), überqueren sie und gelangen zum **Gasthof Hirzwald** 09. Oberhalb vom Gasthof verzweigt sich der Weg, wir folgen rechts den Markierungen und über Wiesen und

Die Brigachquelle beim Hirzbauernhof.

am Waldrand entlang erreichen wir die Pos. **Kesselberg** **02**, kurz darauf die Straße, schwenken nach links und sind wenig später zurück am **Parkplatz Am Todtenhund** **01**.

8

BRENDTURM • 1148 m

Große Aussichtsrunde um den Brend und zur Bregquelle

16 km | 5:00 h | 407 hm | 407 hm

START | Furtwangen, Gasthaus Goldener Rabe, Rabenstraße [GPS: UTM Zone 32 x: 438.660 m y: 5.323.630 m]
CHARAKTER | Überwiegend breite Forst-, Landwirtschafts- und Waldwege sowie asphaltierte Nebensträßchen; streckenweise schmälere Pfade, im Wald manchmal wurzelig.

Die großzügige Rundtour um den Brend mit seinem aussichtsreichen 17 m hohen Granitturm – der auch als Musterturm für Modelleisenbahnen diente – führt uns zum zweiten Donauursprung, der Bregquelle, die wandertechnisch sehr günstig liegt, nur wenige Meter unterhalb des Höhengasthauses Kolmenhof.

▶ Vom **Gasthaus Goldener Rabe** 01 gehen wir zum Waldrand und auf einem wurzeligen Pfad entlang der Straße hoch zu einer Lichtung mit herrlichem Rundumblick, links am Horizont ist der Feldberg zu sehen. Auf der Kuppe stoßen wir auf die **Pos. Altes Eck** 02 und einen kleinen Parkplatz. Wir halten uns rechts, wandern auf einem Asphaltsträßchen über freies Gelände Richtung Waldrand, verlassen das Sträßchen links in den Landstattweg und biegen gleich darauf noch-

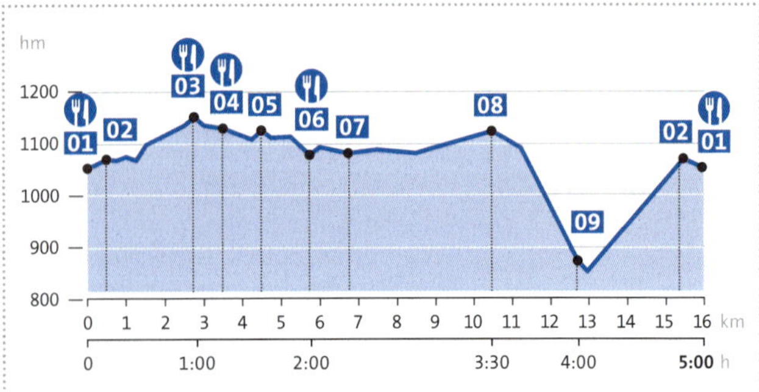

01 Ghs. Goldener Rabe, 1050 m; 02 Pos. Altes Eck, 1067 m; 03 Brendturm, 1148 m; 04 Naturfreundehaus, 1126 m; 05 Günterfelsen, 1122 m; 06 Ghs. Kolmenhof/Bregquelle, 1075 m; 07 Pos. Am Moosschachen, 1078 m; 08 Pos. Am Brend, 1120 m; 09 Obernonnenbachhof, 870 m

Am Brendturm, links der Berggasthof Brend.

mals links in einen ganz schmalen Wanderpfad ein, der uns an einer Pflanzenhecke und einem Weidezaun leicht ansteigend zum Waldrand bringt.

Der Pfad wird deutlich steiler, dann auch wurzeliger, und am oberen Ende eines Wiesenhangs schwenken wir nach links auf einen flachen breiten Forstweg, der uns zur Straße bringt, der wir parallel folgen. Wir gehen an parkenden Autos, Spielplätzen, Picknick- und Grillstellen vorbei, überqueren bei der Pos. 1132 m die Straße und erreichen linkshaltend nach 200 Meter den **Brendturm** 03 und den Berggasthof Brend.

Zurück zur Pos. 1132 und links auf einem Asphaltsträßchen leicht abfallend Richtung Martinskapelle. Bei der Verzweigung ein paar Meter nach dem **Naturfreundehaus** 04 bleiben wir geradeaus, folgen dem breiten Forstweg, bis wir mit der roten Raute links auf einen wurzeligen Waldpfad abbiegen, der uns zu den **Günterfelsen** 05 hoch bringt. Ein mächtiger Steinhaufen, vor dem wir rechts wieder zum Hauptweg absteigen.

Nach einer schattigen und aussichtslosen Waldpassage stoßen wir auf die Pos. Kolmenkreuz und verlassen den Wald, rechts öffnet sich der Blick hinüber zum weiteren Wegverlauf und zur sichtbaren **Martinskapelle**. Ein großer Rechtsbogen führt uns zu einem Asphaltsträßchen, dem wir rechts zur Kapelle und zum Gasthaus Kolmenhof folgen. Ein gepflasterter Weg führt hinter dem Gasthaus scharf rechts ca. 200 m hinab zur eingefassten **Bregquelle** 06.

Auf dem Rückweg statten wir dem Quellheiligtum Martinskapelle, nur wenige Meter oberhalb des Weges, einen Besuch ab. An der Kreuzung beim **Berggasthof Martinskapelle** halten wir uns links und folgen der gelben Raute „Roßeckrunde“. Der Asphalt endet und wir bleiben auf dem Unteren Roßeckweg, der leicht abwärts führt. Bei der **Pos. Am Moosscha-**

An der Bregquelle, nur ein paar Meter unterhalb vom Kolmenhof.

chen 07 schwenkt die Roßeckrunde scharf links ab (gelbe Raute), wir machen später nochmals deutliche Linkskehren, bis wir nach rechts der Beschilderung Richtung Naturfreundehaus folgen. Es folgen lichtere Passagen und nach einer großen Lichtung stoßen wir bei der **Pos. Am Brend** 08 auf eine kreuzende Asphaltstraße; das Naturfreundehaus ist links hoch nur rund 100 m entfernt.

Wir schwenken aber nach rechts, leicht bergab in Richtung Kilpen, unterqueren einen Skilift und erreichen – wieder leicht ansteigend – bei einem Hof die Pos. Brendhäusle. Rechtshaltend Richtung Waldrand, der Asphalt endet hier,

Die Martinskapelle, nahe beim Kolmenhof und der Bregquelle.

passieren wir die Pos. Brendberg und folgen dem Alten Brendweg zunächst leicht, dann deutlich steiler bergab. Wir folgen den Markierungen (gelbe Raute) und gelangen wieder ins Freie, mit fantastischem Ausblick. Über Wiesenhänge erreichen wir den **Obernonnenbachhof** 09, der nach einem Brand 1998 wieder aufgebaut wurde, gehen auf Asphalt an der kleinen Hofkapelle vorbei und in Kehren abwärts, bis wir das Sträßchen in einer Linkskurve verlassen.

Hier weist uns ein Schild (Altes Eck, Raben) nach links auf einen nur die ersten Meter nicht asphaltierten Forstweg, der leicht ansteigt. Oben auf der Kuppe biegen wir scharf links ab und orientieren uns an der blauen Raute (Richtung Raben). Wir ignorieren die Abzweigungen auf dem kontinuierlich leicht ansteigenden Weg durch den Wald, erreichen wieder freies Wiesengelände und stoßen bei der **Pos. Altes Eck** 02 auf Asphalt.

Auf dem bekannten Weg gehen wir nach rechts hinab zum Ausgangspunkt beim **Gasthaus Goldener Rabe** 01.

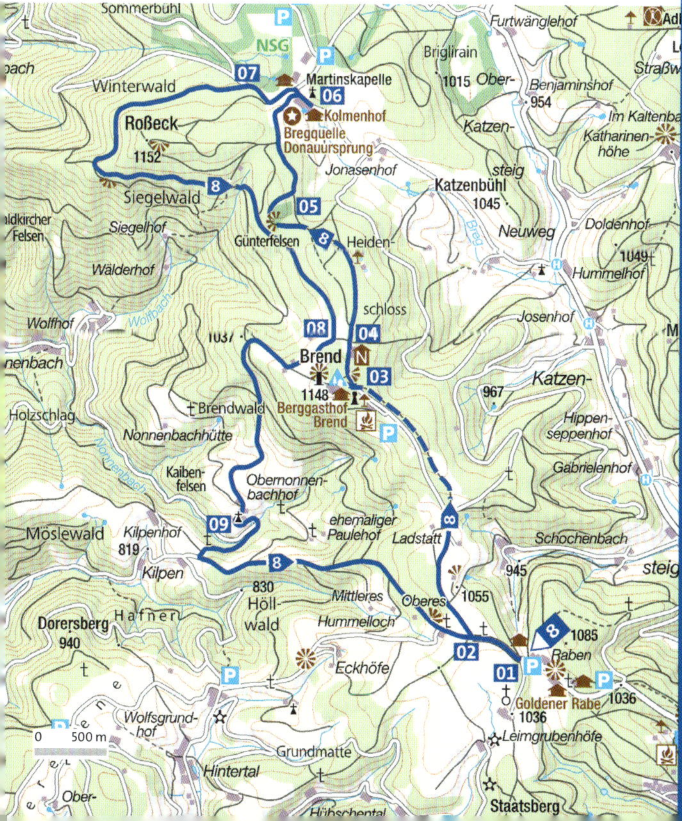

SIMONSWÄLDER MÜHLENTOUR

Alte Bauernhöfe und historische Mühlen

9,75 km | 3:15 h | 321 hm | 321 hm

START | Simonswald, Festplatz an der Talstraße, Parkplatz [GPS: UTM Zone 32 x: 429.650 m y: 5.327.850 m]
CHARAKTER | Breite Wander- und Forstwege, schmälere Wald- und Wiesenpfade sowie kurze Asphaltpassagen; längerer Anstieg Richtung Schwanenhof.

Die Wanderung zu historischen Mühlen und abseits liegenden Bauernhöfen im Landschaftsschutzgebiet des Simonswälder Tales gibt uns einen guten Einblick in schwarzwaldtypische Lebens- und frühere Besiedlungsformen.

▶ Schon beim Ausgangspunkt, am **Festplatz** 01 von Altsimonswald, erwarten uns mit der Kronen- und der Schlossmühle zwei richtige Hingucker. Durch das Tennisplatz-Tor folgen wir hinter den beiden Mühlen der Markierung „Schwarzwald Mühlenrundwanderung“ und halten uns vor dem Bach links. Der Bachweg (Staubfreienweg), der mit vielen kinderfreundlichen Infotafeln bestückt ist, bringt uns zur **Ochsenbrücke** 02, hier überqueren wir die Wilde Gutach und folgen dem flachen Kiesweg links am Waldrand entlang. Vorbei an der Brennerbrücke, wandern wir rechts hoch zu einem Asphaltsträßchen, das uns wieder links hinab führt. Kurz vor

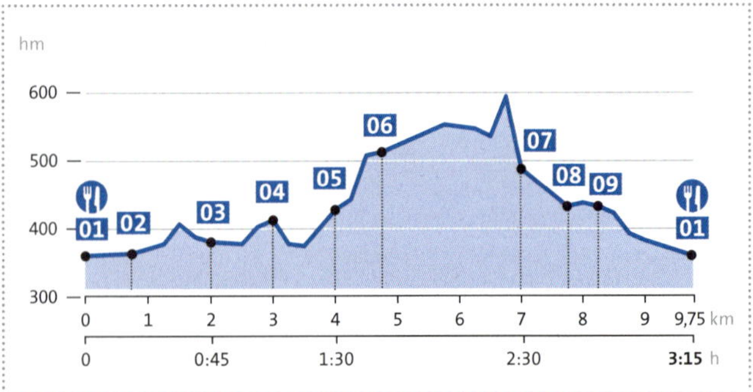

01 Festplatz, 358 m; 02 Ochsenbrücke, 361 m; 03 Hist. Ölmühle, 378 m; 04 Fallerhof, 410 m; 05 Wehrlehofmühle, 425 m; 06 Gummeneck, 510 m; 07 Schwanenhof, 485 m; 08 Sommerberg, 430 m; 09 Emmlerhof, 430 m

An der historischen Ölmühle im Simonswälder Tal.

der Brücke biegen wir links ab und wandern die wenigen Meter zur **Historischen Ölmühle** 03 hinüber. Wir überqueren den Bach, gehen zur Straße vor und folgen dem straßenbegleitenden Gehweg, am großen Ölmühle-Parkplatz vorbei, bis zur Abzweigung Unterer Felsen, vor dem Malerhäusle (links ist die Brennerbrücke).

Am Malerhäusle rechts hinein, über einen Hofplatz zum Waldrand hoch, dann links auf einen ansteigenden Waldpfad. Es wird bald aussichtsreich und über ei-

Im Innern der Wehrlehofmühle.

nen Graspfad gelangen wir zum alten und zum neuen **Fallerhof** 04. Der Kiesweg geht in Asphalt über, wir biegen scharf links ab hinab zu den Häusern von Neuenberg. Der Straße „Am Neuenberg 6-10“ folgen wir rechts, bis bei einer Linkskehre der Mühlenweg scharf rechts abknickt und wir über Treppenstufen ein paar Meter steiler ansteigen. Der Pfad schlängelt sich dann zunächst ansteigend am Hang entlang hoch, bevor er in leichtem Auf und Ab durch eine Art Tobel am Bachlauf entlang verläuft.

Kurz nachdem wir den Bachlauf über einen Steg überquert haben, erreichen wir eine kleine Holzhütte, steigen weiter an und sind wenig später an der sehenswerten **Wehrlehofmühle** 05, die mit allerlei interessanten alten Utensilien ausgestattet ist. Nach der Hütte ein paar Meter weiter hoch, vorbei an einer überdachten Sitzbank zu einer Verzweigung. Nach rechts gelangen wir zum großen Hofgebäude, schwenken aber vor ihm nach links hoch und marschieren auf dem Kiesweg leicht ansteigend in den Wald hoch, Richtung Gummeneck.

Bei der Pos. Beim Gummeneck treffen wir auf eine breite Forststraße, dann auf eine **Kreuzung** 06, wo wir uns rechts halten (Sedleweg). In leichtem Auf und Ab und in großen Kehren marschieren wir am Waldhang entlang, biegen nach einer Bank links in einen Grasweg ab und gehen abwärts auf eine Hütte zu. Vor der Hütte rechts, dann in einer scharfen Linkskurve am Bach entlang deutlicher bergab.

Unten stoßen wir auf den Wehrlehof mit Kapelle, passieren ihn und gelangen zu einem Asphaltsträßchen und der Pos. Bei der Schwanenmühle. Der Mühlenweg ist nach links ausgeschildert und bringt uns zum **Schwanenhof** 07, der rechts unterhalb des Weges liegt. Auf dem Sträßchen wandern wir hinab, am Bach entlang, zur Pos. Mittelhaslach, und weiter bis zur Abzweigung bei der Pos. Vorderhaslach **Sommerberg** 08.

Auf Asphalt überqueren wir den Bach, gehen am **Emmlerhof** 09 vorbei und schwenken vor den ersten Häusern, beim **Ratsstüble**, nach links wieder hinab zum Bach. Vor der Brücke rechts nehmen wir den schmalen Kiesweg (Paradiesweg), der direkt am Bach entlang führt. Wir überqueren den Bach auf einem Steg, gehen an einer Hecke entlang in Richtung Kirche.

Kurz vor dem Friedhof stoßen wir auf die Fahrstraße, biegen rechts ab und am Fußballplatz und an der Pos. Simonswald-Schloss vorbei gelangen wir zum Stabhalterhof und über eine Metallbrücke zur Hauptstraße und zum Ausgangspunkt beim **Festplatz** 01.

ACHKARRER HOHLWEGPFAD

Durchs Weinrebengebiet zum Kaiserstühler Schlossberg

11,75 km | 3:45 h | 404 hm | 404 hm

START | Achkarren, Parkplatz an der Castellberghütte [GPS: UTM Zone 32 x: 377.810 m y: 5.324.360 m]
CHARAKTER | Asphaltierte Nebensträßchen sowie Landwirtschafts- und Forstwege, teilweise schmälere Pfade im Wald.

Die Kaiserstühler Weine sind überregional bekannt und Achkarren gehört mit zu den deutschen Spitzenweinlagen; zum einen, weil hier neben dem fruchtbaren Lößboden auch Vulkanboden vorkommt, und zum andern, weil zwischen Achkarren und Ihringen der wärmste Punkt Deutschlands mit den durchschnittlich höchsten Temperaturen liegt. Ein Wandergebiet für Genießer.

▶ Am ausgeschilderten Wanderparkplatz der **Castellberghütte** 01 starten wir unsere Rundtour, folgen nach rechts via Katzensteinhütte dem asphaltierten Sträßchen, das bald ordentlich durch die Weinreben ansteigt, bis zu einer Kuppe. An der Kreuzung halbrechts Richtung **Kreuzenbuckpass** 02, den wir auf Asphalt nach einer Linkskehre und etwas steiler ansteigend erreichen. Wir halten uns scharf links und marschieren in Kehren berghoch zu einem wunderbaren Aussichtspunkt wenige Meter unterhalb der **Katzensteinbuckhütte** 03.

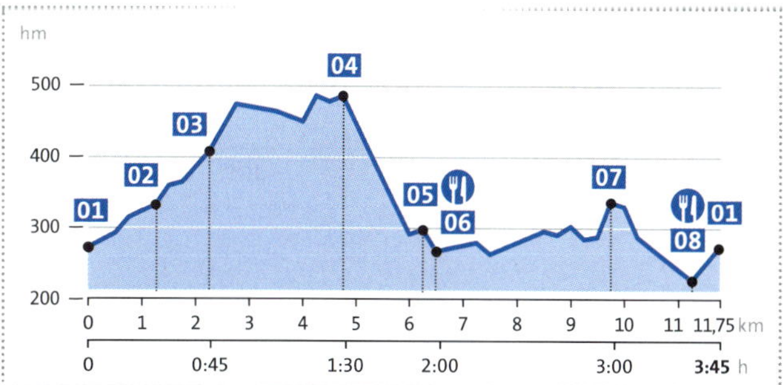

01 Castellberghütte, Parkplatz, 270 m; 02 Kreuzenbuckpass, 330 m; 03 Katzensteinbuckhütte, 405 m; 04 Adlerhorstsattel, 483 m; 05 Lössfelsen/Eichweg, 295 m; 06 Bickensohl, 265 m; 07 Schlossberg, 334 m; 08 Achkarren-Kirchplatz, 225 m

Die Achkarrer Weinberge im Frühjahr; hinten der Schlossberg.

Vorbei an einer Orientierungstafel und der Hütte geht es – nun nicht mehr asphaltiert – wieder steiler in den Wald hoch. Am Ende der Waldpassage gelangen wir zu einem Aussichtsplatz mit Bänken und Tischen bei der Pos. Gierstein. Wir folgen den Markierungen Richtung Adlerhorstsattel, zunächst leicht bergab durch eine Senke, dann wieder ansteigend zum sichtbaren Sendemasten hoch, der über die Bäume herausragt.

Der herrliche Waldweg bringt uns zum **Adlerhorstsattel** **04**, wo wir

Auf dem Schlossberg bei Achkarren.

scharf links abbiegen und über einen steilen Hohlweg abwärts wandern (Lösshohlwegpfad).

Über offenes Gelände erreichen wir wieder Asphalt und folgen dem Sträßchen hinab zu den Häusern. Kurz vor dem Ort machen wir nach rechts über den Eichweg einen Abstecher zu den **Lössfelsen** **05**, bevor wir **Bickensohl** **06** auf der Achkarrener Straße durchqueren. Wir verlassen die Straße in einer Linkskurve und biegen rechts in einen als Panoramaweg markierten Naturweg ab. Mit toller Aussicht wandern wir durch die steilen Rebhänge, stets den Markierungen folgend.

Bei der Pos. Frauental halten wir uns an die Beschilderung „Schlossberggipfel", passieren einen überdachten Aussichtspavillon und gelangen zur Pos. Hofackerkreuz. Hier nehmen wir die linke Variante, eine Abkürzung über die Wiese, stoßen wieder auf das Sträßchen und erreichen zuletzt über einen kehrenreichen Kiesweg den **Schlossberg** **07**, mit den wenigen Resten der ehem. **Burg Höhingen**.

Auf dem Rückweg gehen wir geradeaus Richtung Achkarren und stoßen, bevor es in einer Linkskehre steiler bergab geht, auf die rechts etwas versteckt liegende Lourdesgrotte. Weiter bergab gelangen wir zum breiten Forstweg, dem wir scharf rechts zum Waldrand folgen. Nun wandern wir wieder auf Asphalt durch Rebengelände und folgen dem Sträßchen bergab in Richtung Achkarren.

Vorbei an der **Pos. Achkarren-Kirchplatz** **08** marschieren wir auf einem schmalen Asphaltsträßchen, die letzten Meter nochmals ansteigend, zurück zur **Castellberghütte** **01**.

KANDEL • 1242 m

Auf dem „Damenpfad“ zum Waldkircher Hausberg

12 km | 4:00 h | 772 hm | 772 hm

START | Waldkirch, Kandelpassstraße, Gasthof Altersbach [GPS: UTM Zone 32 x: 424.730 m y: 5.326.110 m]
CHARAKTER | Gleichmäßig ansteigende Waldwege und schmälere Pfade, im oberen Bereich teils mit Felsen durchsetzt und wurzelig; im Abstieg schöne Wiesen- und Forstwege.

Der höchste Berg des Mittleren Schwarzwaldes ist nicht nur für den Wanderer interessant, sondern durch seine exponierte Lage ein beliebtes und viel besuchtes Ziel für ganz unterschiedliche sportliche Betätigungen: Drachen- und Gleitschirmflieger finden hier einen Startplatz, alljährlich messen sich die Bergläufer beim Kandel-Berglauf, der große Kandelfelsen ist ein gefragtes Klettergebiet und der Kandelhöhenweg eine herausfordernde Radunternehmung, über den schon Etappen der Deutschland-Tour führten.

▶ Vom **Gasthof Altersbach** 01 gehen wir ein Stück entlang der Straße zurück bis zur **Pos. Vorderer Holzplatz** 02, wo der Damenpfad (gelbe Raute) links ansteigend in den Wald hoch führt. Wir überqueren eine breite Forststraße und gehen geradeaus weiter am Waldhang hoch, der zunächst breitere Weg verengt sich zu ei-

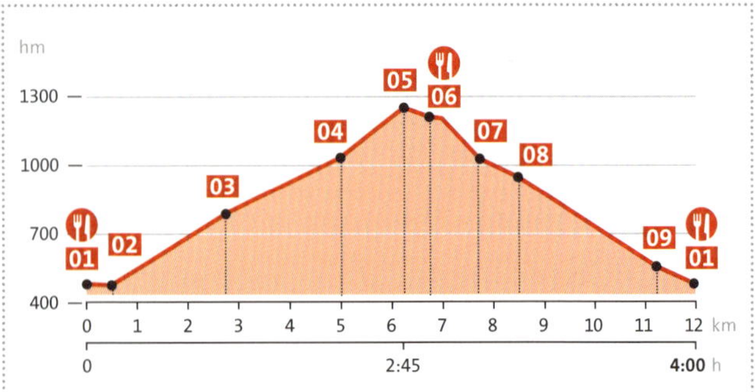

01 Ghf. Altersbach, 475 m; 02 Vord. Holzplatz, 470 m; 03 Langeckhütte, 780 m; 04 Großer Kandelfelsen, 1025 m; 05 Kandel, 1242 m; 06 Kandelhotel, 1202 m; 07 Pos. Serpentine, 1020 m; 08 Albinhütte, 940 m; 09 Wasserfall, 550 m

Aussichtspavillon auf dem Kandelgipfel.

nem Pfad und traversiert stetig ansteigend durch den Wald. Wir stoßen dann auf eine breitere Forststraße, halten uns links und folgen der sichtbaren Markierung wieder rechts in den Wald hoch.

Auf dem schmalen ansteigenden Pfad kreuzen wir wieder die Forststraße, überqueren sie und folgen weiter dem steinig-wurzeligen Pfad am Waldrand entlang hoch. Der Hang links fällt stärker ab, und der schöne Waldpfad macht eine erste Rechtskehre. Nach der nächsten Linkskehre stoßen wir erneut auf eine Forststraße und wenig später auf die **Langeckhütte** 03. Hinter der Hütte geht es auf breitem Kiesweg leicht berghoch und wir biegen bald auf einen schmalen Pfad, parallel zum breiten Weg und etwas stärker ansteigend, ab.

Vorbei an einer eher aussichtslosen Aussichtsbank kommen wir zu einer Lichtung, die uns besseren Ausblick bietet, überschreiten eine Forstfahrstraße und marschieren auf dem grasig-schottrigen Weg, der zunehmend schmäler und auch wurzeliger wird, mit moderater Steigung berghoch.

Die ersten Felsen tauchen am Weg auf und meist linkshaltend ist bald die Pos. **Großer Kandelfelsen** 04 erreicht. Wir halten uns links und folgen dem schmalen, felsigen Steig hoch zu den Felsen, die auch gerne von Kletterern besucht werden.

Wieder zurück zur Verzweigung, halten wir uns links und steigen über einen Pfad hoch, und gelangen so oberhalb der Felsen zu einem herrlichen Aussichtspunkt. Mit entsprechender Vorsicht kann man den oberen Felsen besteigen. Auf steinigem Pfad geht es rechts weiter bergauf durch den Wald und zur Pos. Hessfelsele, mit Aussichtsbank. Der Beschilderung Ahornmättle nach, auch als Damenpfad markiert, wandern wir auf schönem Waldboden durch

Luftiger Ausblick vom Großen Kandelfelsen.

Der Wasserfall vor Adlersberg.

schattigen Wald zur Pos. Über den Felsen und geradeaus weiter ins Freie (blaue Raute) und zur nahen Gipfelpyramide auf dem **Kandel** 05. Nach links leitet uns das Damenpfad-Schild hinab zum sichtbaren **Kandelhotel** 06.

Der Abstieg führt zunächst ein paar Meter zurück, dann biegen wir rechts zum Waldrand und schwenken vor dem Wald nach rechts. Der schmale Pfad am Waldrand entlang leitet uns Richtung Gleitschirmplatz, aber kurz zuvor biegen wir links ab auf einen steil abwärts führenden Serpentinenweg. Zuletzt queren wir mehrmals einen Skihang in kurzen Kehren, gelangen wieder in Wald und stoßen auf die **Pos. Serpentine** 07.

Wir marschieren links einen breiten Weg bergab zur **Albinhütte** 08, rechts unten ist ein Parkplatz und die enge Straßenkurve sichtbar, stoßen auf eine Verzweigung und biegen scharf rechts ab auf einen abwärts führenden Forstweg. In großen Kehren geht es durch den Wald bergab, vorbei an der Rotwasserhütte. Wir überqueren die Autostraße und folgen weiter der Markierung Rotwasserweg (Holzschild). In großen Kehren wieder steiler bergab erreichen wir die Pos. Wasserfall und wenig später die Abzweigung links hinab zum **Wasserfall** 09.

Man kann nach diesem Abstecher wieder zurück auf den Hauptweg hochsteigen und dann dem breiten Weg folgen oder direkt von den Wasserfällen einem Weg am Bach entlang folgen. Beide Varianten treffen bald wieder zusammen, und nach vorne hat man schon Sichtkontakt zum Gasthof. Bei der Pos. Ghf. Altersbach gehen

Gasthaus Altersbach, am Ausgangspunkt des Damenpfads.

wir nach links, überqueren den Bach über eine Brücke und stehen wieder auf dem Parkplatz des Gasthofs **Altersbach** 01.

12

KANDEL-GIPFELRUNDTOUR

Aussichtspunkte rund um den Kandel

8,25 km | 2:45 h | 240 hm | 240 hm

START | Kandelhotel, Kandelpassstraße
[GPS: UTM Zone 32 x: 426.700 m y: 5.324.000 m]
CHARAKTER | Breite Forstwege sowie Wiesen- und Waldpfade, teils felsig und schmal, stellenweise etwas ausgesetzt.

Vom **Kandelhotel** 01 wandern wir hinüber zu den Borstengraswiesen, biegen aber gleich rechts ab und gehen durch hohes Gras zum Waldrand. Ein schattiger Waldpfad führt uns leicht bergab, rechts unter uns verläuft eine breite Forststraße, auf die wir wenig später stoßen und ihr nach links folgen. Bei der nächsten Wegespinne nehmen wir den mittleren Weg (gelbe Raute) und schwenken kurz darauf bei der **Pos. Sattel** 02 nach links ab Richtung Sautränke. Der wurzelige Pfad führt kurz durch Wald, dann mit herrlich freiem Blick nach rechts am Hang entlang. Der schmale Pfad ist hier etwas ausgesetzt und stellenweise feucht; Vorsicht!

Wir erreichen die **Heibeerfelsen** 03, einen wunderbaren Aussichtspunkt, nur ein paar Meter rechts vom Weg, dann traversieren wir wieder in Kehren am steilen Waldhang entlang. Der schöne Panoramapfad verbreitert sich etwas,

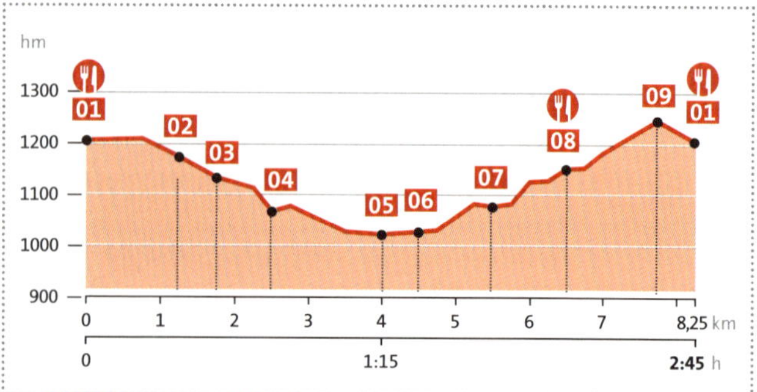

01 Kandelhotel, 1202 m; 02 Pos. Sattel, 1170 m; 03 Heibeerfelsen, 1130 m; 04 Pos. Sautränke, 1065 m; 05 Pos. Serpentine, 1020 m; 06 Großer Kandelfelsen, 1025 m; 07 Thomashütte, 1075 m; 08 Gummenhofhütte, 1148 m; 09 i Kandel, 1242 m

Weite Aussicht vom Großen Kandelfelsen.

fällt stärker ab, wir treffen auf einen Forstweg und die **Pos. Sautränke** 04. Wir halten uns links, passieren auf dem flachen, breiten Forstweg einen kleinen Picknickplatz mit Tischen und Bänken und biegen anschließend links auf einen Waldpfad ein (Pos. Kohlplätze). Vor uns ist die Kandelpassstraße zu sehen. Geradeaus weiter durch den hochstämmigen Wald überqueren wir die Passstraße und halten uns dann links, etwas oberhalb der Straße, und folgen einem schönen, flachen Pfad am Waldrand entlang. Nach einer etwas ausgesetzten Stelle wird der Pfad steiniger und es tauchen Fel-

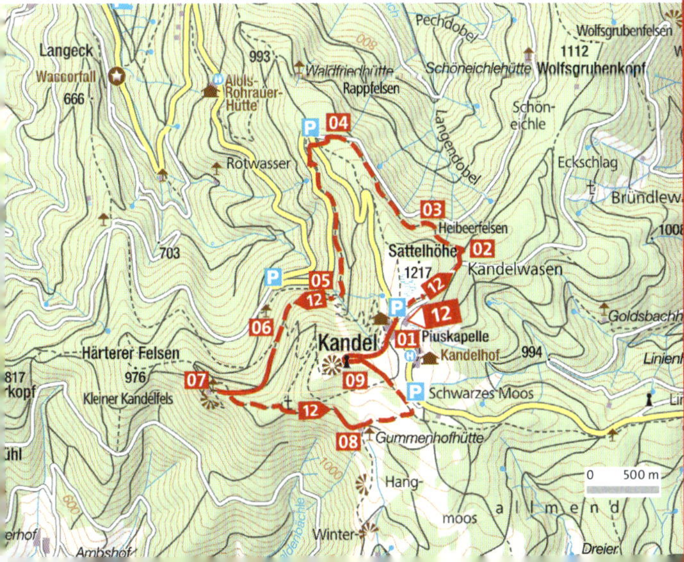

An der Gummenhofhütte.

sen entlang des Weges auf; rechts unterhalb von uns verläuft die Autostraße. Unser Pfad mündet in einen von rechts kommenden breiten Forstweg ein, dem wir leicht ansteigend nach links folgen. Nach ein paar Metern verlassen wir den breiten Weg, biegen rechts in einen schmalen Pfad ein, der zunächst abwärts führt. Der wieder schmale und teils etwas ausgesetzte Pfad wechselt zwischen Laubboden und felsigem Untergrund, bleibt aber relativ eben und bringt uns zur **Pos. Serpentine** 05.

Weiter geradeaus, und nach wenigen Schritten zweigt links ein schmaler Pfad in den Wald hoch ab. Wir traversieren am Hang und am Waldrand entlang, der Weg wird felsiger und ein Schild warnt uns „Felssturzgefahr. Nicht stehen bleiben"; wir sind wenig später unterhalb des **Großen Kandelfelsens** 06.

Nun folgen wir der Beschilderung Richtung Thomashütte, steigen auf einem schmalen Pfad links hoch, überqueren einen Forstweg und stoßen bei der Pos. Bei der Thomashütte auf einen kreuzenden Forstweg, dem wir nach rechts zur ca. 150 m entfernten **Thomashütte** 07 folgen. Wunderbare Aussichtsstelle.

Zurück zur Kreuzung und geradeaus weiter auf einem steinigen Weg berghoch. Nach einem steileren Stück gelangen wir ins Freie und wandern weiter geradeaus, nun weniger steil, durch lichten Wald zur Pos. Hoschgetkreuz. Ein Holzschild am Baum weist zum Fensterlewirt (Essen und Übernachten) und über eine freie Fläche (Kreuz) geht's kurz hinab zu einem breiten Forstweg und wieder leicht ansteigend zur **Gummenhofhütte** 08.

An der Hütte vorbei, geht es links über einen Wiesenhang bergauf zu einer Hochfläche, die uns einen schönen Zweitälerblick bietet. Von dort wandern wir nach einer erneuten Linkskehre hoch zum **Kandelgipfel** 09 und – nach ausgiebiger Rundumschau – rechtshaltend hinab zum nahen **Kandelhotel** 01, unserem Ausgangspunkt, zurück.

HIRSCHBACH- UND ZWERIBACH-WASSERFÄLLE

Schwarzwälder Postkartenmotive rund um St. Märgen

14,25 km | 4:15 h | 427 hm | 427 hm

START | St. Märgen, Wagensteigstraße, Parkplatz Hausmatte, unterhalb vom Kloster
[GPS: UTM Zone 32 x: 432.120 m y: 5.317.350 m]
CHARAKTER | Überwiegend breite Forstwege, im Bereich des Hohwartfelsens und der Wasserfälle schmale, felsige und teils steile Pfade mit Steigcharakter, nur kurze Asphaltpassagen.

Wer den oft überlaufenen Triberger und Todtnauer Wasserfällen aus dem Wege gehen will, dem bieten die Wasserfälle, die ins Simonwälder Tal stürzen eine beschaulichere Alternative.

▶ Unterhalb des Klosters St. Märgen, am **Parkplatz Hausmatte** 01, beginnen wir unsere große Runde. Auf einem Kiesweg steigen wir zum Kirchplatz hoch, halten uns rechts, marschieren an der Straße entlang zur Pos. Ortsmitte und weiter zum **Gasthaus Hirschen** 02. Vor dem Gasthaus biegen wir links ab und gelangen auf einem Anliegersträßchen leicht ansteigend aus dem Ort hinaus ins Freie.

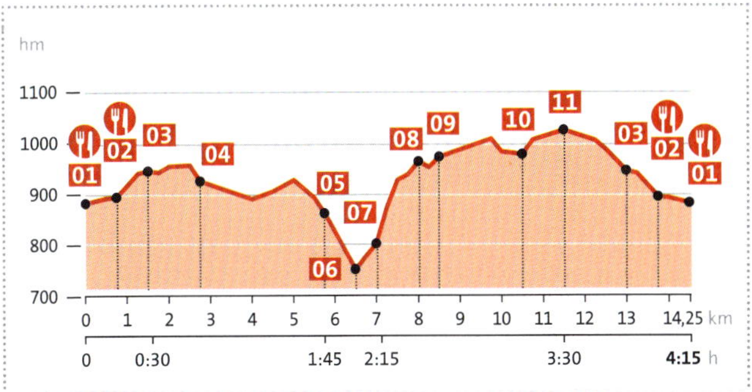

01 St. Märgen, 880 m; 02 Ghs. Hirschen, 892 m; 03 Rankmühle, 943 m; 04 Hirschwinkel, 923 m; 05 Hirschbachfälle, 860 m; 06 Brunnenhofkapelle, 750 m; 07 Zweribachfälle, 800 m; 08 Hogenhof, 961 m; 09 Pos. oberh. Plattensee, 970 m; 10 Pos. Hirschmatte, 975 m; 11 Kapfenkapelle, 1022 m

Klosterkirche St. Märgen.

Wir passieren die Pos. Landfeld, bleiben rechts auf dem Sträßchen und erreichen die Wegverzweigung bei der **Rankmühle** 03 (erbaut Mitte 18. Jh.). Es geht zunächst flach geradeaus weiter, dann steigt der Weg leicht zum Waldrand hin an. In großen Kehren verläuft das Sträßchen am Hang entlang, immer wieder tauchen einzelne Höfe auf.

Am Theehof vorbei gelangen wir zur Verzweigung bei der **Pos. Hirschwinkel** 04, halten uns links und folgen dem breiten Weg in den Wald hinein. Es wird schattiger, aussichtsloser und der linke Hang ist teilweise mit Felsen durchsetzt. Der kurvige Wegverlauf führt uns an der Haldehütte vorbei, kurz darauf verzweigt sich der Weg, unser Hauptweg schwenkt nach links und steigt leicht an. Nach weiteren Kehren kommen wir zur Pos. Bannwald, wo uns die Beschilderung rechts hinab zu den Zweribachfällen weist. Der schmale Waldpfad führt kehrenreich bergab, dann teils ausgesetzt am Hang entlang und über eine felsige Stufe abwärts. Kurz darauf gelangen wir zu einer wunderbaren, felsigen Aussichtsstelle (Hohwartsfelsen) rechts vom Weg.

Auf dem Hangweg wandern wir bergab, nach einer scharfen Rechtskehre deutlich steiler, und erreichen einen Bachlauf bei der **Pos. Hirschbachfälle** 05. Über steilere Felspassagen und Steinstufen geht es weiter abwärts, Trittsicherheit ist hier von Vorteil. Der Weg wird dann freundlicher und nach einer Wiesenlichtung auf der rechten Seite gelangen wir zur Pos. Brunnen. Hier stand einst der Brunnenhof, von dem nur noch die **Kapelle** 06 erhalten ist. Rechts unten auf der Wiese steht eine Hütte mit Tischen und Bänken.

Auf einem wurzeligen und schmalen Waldpfad geht es nun wieder den Waldhang hoch. Eine herrliche Felslandschaft, durch die un-

Der Hirschbach-Wasserfall.

ser steiniger und teils ordentlich steiler Steig – mit kurzen Seilpassagen – verläuft. Bei der **Pos. Zweribachfall Brückle** 07 halten wir uns rechts und klettern über eine Eisenleiter und eine Eisentreppe ans obere Wasserfallende. Nach einer scharfen Linkskehre wird es zunächst flacher, dann steigt der Hangweg wieder an und bringt uns zur Pos. Langeck und zur Straße bei der Pos. Platte Langeckerhof. Auf asphaltiertem Sträßchen passieren wir den **Hogenhof** 08 und biegen links ab via Kapfenkapelle. Leicht abwärts, dann verlassen wir nach einem großen Linksbogen den Weg nach rechts auf einen schottrigen Waldpfad und stoßen bei der **Pos. Oberhalb Plattensee** 09 auf einen breiten Forstweg, der uns in Kehren, vorbei an der Pos. Stockbühl, leicht abwärts zur **Pos. Hirschmatte** 10 bringt. Wir folgen der Beschilderung Kapfenkapelle und vorbei an der Pos.

Der Zweribach-Wasserfall.

Rotes Kreuz, leicht ansteigend, gelangen wir an den Waldrand mit herrlichem Ausblick nach rechts. Am Waldrand entlang sind wir kurz darauf bei der aussichtsreichen **Kapfenkapelle** 11. Mit der blauen Raute gehen wir geradeaus auf dem Kapfenbergweg fast eben am Waldrand entlang, stoßen am Waldende wieder auf Asphalt und zum Schluss wieder stärker abfallend auf unseren Hinweg bei der Wegteilung an der **Rankmühle** 03.

Auf dem bekannten Weg wandern wir über die Wiesen zurück nach Sankt Märgen, mit schönen Ausblicken auf die vor uns liegende Klosterkirche.

FURTWANGEN – SCHNABELSTAL

Von der Uhrenstadt durchs Schnabelstal und Bregtal

9 km | 3:00 h | 179 hm | 179 hm

START | Furtwangen, Am Stadion, Salomon-Siedele-Straße; alternativ: Festhalle, Friedrichstraße
[GPS: UTM Zone 32 x: 439.900 m y: 5.321.460 m]
CHARAKTER | Forst- und Waldwege, asphaltierte Nebensträßchen und Gehwege.

Vom **Stadion 01** in Furtwangen wandern wir hoch zur Straße und links an Sport- und Tennisplätzen vorbei aus Furtwangen hinaus. Ein kurzes Stück entlang der Straße biegen wir bei der **Haltestelle Sägenhof 02** links ab ins Schnabeltal. Vor dem Sägehof schwenken wir mit dem Sträßchen nach rechts, passieren mehrere Gebäude, der Weg steigt leicht an und der Asphalt hört auf. Bei einem Bauernhof macht der Weg eine scharfe Rechtskurve, wir biegen aber links ab und gehen auf einem neu angelegten Kiesweg geradeaus hoch.

Knapp 500 m später stoßen wir oben auf ein Kreuz und eine Verzweigung. Die Markierung zeigt halbrechts weiter hoch, es tauchen Bäume auf und wir marschieren am Waldrand entlang zur Pos. Beim **Schnabelskreuz 03**. Nur noch leicht ansteigend schwenken wir bei der nächsten Verzweigung nach links und folgen der

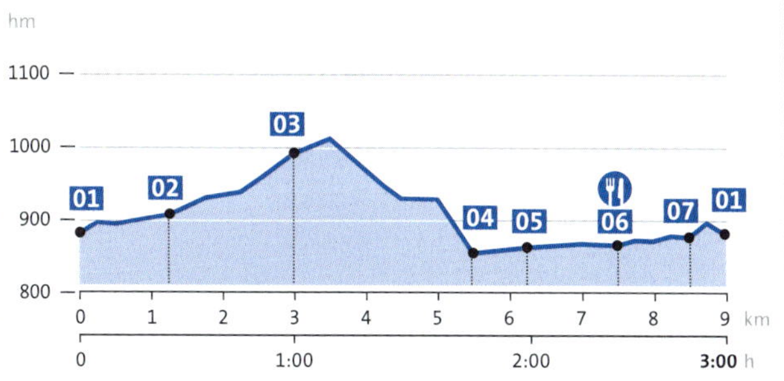

01 Furtwangen, Stadion, 880 m; 02 Sägenhof, 906 m; 03 Schnabelskreuz, 990 m; 04 Am Niegenhirschwald, 853 m; 05 Martin-Schmitt-Straße, 861 m; 06 Marktplatz, 864 m; 07 Carl-Diem-Straße, 875 m

Eingang zum Deutschen Uhrenmuseum in Furtwangen.

Beschilderung Richtung Obertal. Der breite Forstweg fällt ab und nach einer weiten Linkskehre, unterwegs ignorieren wir eine Spitzkehren-Abzweigung nach rechts, verlassen wir den Wald und treffen bei Bauernhäuser auf eine Verzweigung. In einer scharfen Rechtskurve gehen wir am oberen Hof vorbei, leicht bergab, nun wieder auf Asphalt.

Vor einem Firmengebäude biegen wir die erste Möglichkeit links ab in die Straße **Am Nigenhirschwald** 04 und wandern auf einem geplättelten Gehweg entlang der Straße. Wir überqueren eine Zufahrtsstraße zur B500, der Weg steigt an und verläuft an einem Geländer entlang oberhalb der Straße. Dann geht es wieder hinab zum Gehweg neben der **Martin-Schmitt-Straße** 05.

Wir überqueren die Straße und biegen rechts in die Bahnhofstraße ein. Nach einem Abstecher zum Deutschen Uhrenmuseum gelangen wir über die Lindenstra-

Schwarzwaldhöfe im Schnabelstal bei Furtwangen.

Eine Landschaft zum Wohlfühlen.

ße zum **Marktplatz** 06 und in die Ortsmitte von Furtwangen. Der Rückweg verläuft entlang der Wilhelmstraße und der Bregstraße, die wir nach links verlassen und dann rechtshaltend auf der **Carl-Diem-Straße** 07 zurück zum Parkplatz beim Bregstadion gehen.

Alternativ können wir – wenn wir die Stadtmitte umgehen wollen – statt in die Bahnhofsstraße einzubiegen, links der Martin-Schmitt-Straße folgen, auf einem Schotter- und Waldweg, der etwas oberhalb der Straße verläuft. Hier ist auch der Schwarzwald-Mittelweg ausgeschildert. Bei der Pos. Döbele stoßen wir dann rechts wieder auf die Carl-Diem-Straße, die uns zurück zum Ausgangspunkt bringt.

MAGDALENENBERG

Vom Villinger Rosengarten zum keltischen Fürstengrab

10,25 km | 3:15 h | 100 hm | 100 hm

START | Villingen-Schwenningen, Parkhaus Theater am Ring, Vöhrenbacher Straße; alternativ am Bahnhof, Bahnhofstraße [GPS: UTM Zone 32 x: 439.900 m y: 5.321.460 m]
CHARAKTER | Wander- und Waldwege, asphaltierte Nebensträßchen und Gehwege, kurze Pfadpassagen.

Der badische Teil der Doppelstadt Villingen-Schwenningen ist nicht nur als Fasnachtshochburg überregional bekannt, sondern besitzt auch einen historisch interessanten und relativ gut erhaltenen mittelalterlichen Stadtkern. Darüber hinaus wurde anlässlich der Landesgartenschau 2010 auf dem Hubenloch, in unmittelbarer Nähe der Altstadt, einer der höchstgelegenen Rosengärten Deutschlands neu bepflanzt. Eine abwechslungsreiche Rundwanderung wartet auf Sie.

Vom **Parkhaus** Theater am Ring 01 steigen wir über Treppenstufen, am Hotel Diegner vorbei, zum Hubenloch und zum besteigbaren Funk- und Aussichtsturm hoch. Wir durchqueren den herrlichen **Rosengarten** 02, wandern leicht abwärts zur Kalkofenstraße, schwenken rechts und biegen links in die Laiblestraße ein. Berg-

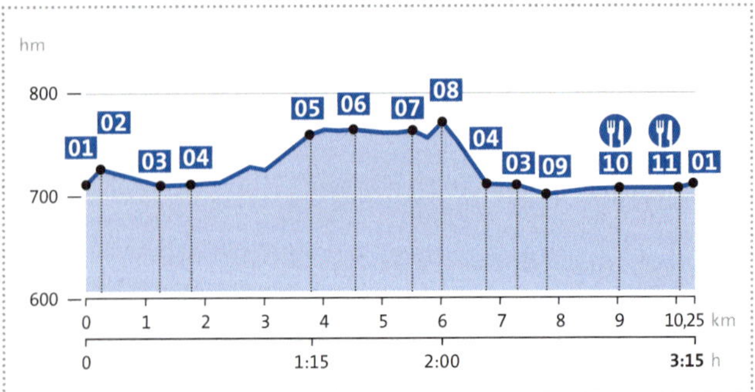

01 Theater am Ring, 710 m; 02 Rosengarten, 725 m; 03 Warenbachtal, 709 m; 04 Pos. Hebsack, 710 m; 05 Poleneiche, 758 m; 06 Tannhörnle NSG, 763 m; 07 Fürstengrab, 762 m; 08 Magdalenenberg, 770 m; 09 Niederwiesen, 700 m; 10 Bahnhof, 706 m; 11 Stadttor, 706 m

Der Rosengarten mit Aussichtsturm in Villingen.

ab folgen wir der Straße, überqueren einen Bach und treffen unten auf die Roggenbachstraße und die **Pos. Warenbachtal** 03. Rechts haltend gelangen wir kurz darauf zur **Pos. Hebsack** 04, umlaufen ein großes Gebäude und folgen wiederum rechtshaltend der Beschilderung Richtung Schleifenwasen.

Es geht noch ein paar Meter auf Asphalt, dann beginnt ein Kiesweg. Schönes Wiesengelände, links freie Sicht, rechts Waldrand. Nach einer Rechtskehre biegen wir links ab und 50 m weiter verlassen wir das Sträßchen und schwenken in einen schmalen, gekiesten Pfad ab, der uns in den Wald hinein führt. Kurz darauf überqueren wir einen kreuzenden Weg und bleiben auf dem nun asphaltierten recht schmalen Weg, der schnurgerade und leicht ansteigend durch freies, aussichtsreiches Wiesengelände (Naturschutzgebiet) verläuft. Der Asphalt endet wieder, kurz bevor wir links die **Poleneiche** 05 passieren. Ein Sühnekreuz (und eine Infotafel) erinnert hier an ein tragisches Schicksal aus Kriegstagen.

Ein paar Meter weiter stoßen wir bei der Pos. Pfaffenweiler Tannhörnle auf eine Asphaltstraße. Wir wenden uns nach links, marschieren zwischen Sport- und Tennisplätzen hindurch, zunächst auf einem geplättelten Weg, der dann in einen Kiesweg übergeht und an einer Baumreihe entlang verläuft. Nach rechts hat man über Ackerland einen weiten Ausblick.

Wir treffen wieder auf ein Asphaltsträßchen, biegen aber sofort links in einen nicht asphaltierten Landwirtschaftsweg ein. Wir passieren beim Naturschutzgebietsschild die **Pos. Tannhörnle** 06 und wandern zwischen Bäumen und Büschen über das offene Ackerland, mit herrlichem Blick links hinab nach Villingen. Erneut stoßen wir auf ein Asphaltsträßchen, bei der Abzweigung des Geschichts-

Das Fürstengrab auf dem Magdalenenberg

Der Magdalenenberg ist der größte hallstattzeitliche Grabhügel Mitteleuropas und wurde vermutlich um 616 v.Chr. aufgeschüttet. Außer dem eisenzeitlichen Fürstengrab wurden nach Grabungen in den 70er Jahren weitere 126 Gräber gefunden. Ein Fußweg um den Grabhügel ist mit Infotafeln ausgestattet und auf der Kuppe des Magdalenenberges sind archäologisch dokumentierte Stangensetzungen rekonstruiert worden. Eine Balkenkonstruktion, die als Sitzgelegenheit fungiert, zeigt die Ausmaße der Grabkammer. Die Hölzer, die eine Datierung der Grabstelle ermöglichten, sowie andere Fundstücke sind im Franziskanermuseum in Villingen zu besichtigen.

und Naturlehrpfad nach rechts. Leicht ansteigend gelangen wir auf Asphalt zur imposanten Magdalenenberg-Eiche, folgen dem kreuzenden Asphaltsträßchen ein kurzes Stück nach links und steigen über einen grasigen Pfad auf den Grabhügel zum **Fürstengrab** **07** hoch. Infotafeln und interessante Installationen erwarten uns, neben einem grandiosen Rundumblick auf dem **Magdalenenberg** **08**.

Auf der anderen Hügelseite steigen wir auf einem Grasweg zum Waldrand hinab und schwenken nach links in den schmalen Kiesweg, der uns zurück zum Asphaltsträßchen bringt. Bergab durch zunächst freies Gelände, dann zwischen schattigen Bäumen hindurch gelangen wir wieder zur **Pos. Hebsack** **04** und rechts zur **Pos. Warenbachtal** **03**.

Wir wandern nun geradeaus weiter, vorbei an netten Ruhebänken mit lebensgroßen Holzskulpturen, überqueren eine kreuzende Autostraße, gehen durch einen kleinen Park und biegen am Ende der Roggenbachstraße, bei der **Pos. Niederwiesenstraße** **09** nach links Richtung Stadtmitte ab. Auf dem Gehweg der Warenburgstraße laufen wir bis zum Romäusring, dort schwenken wir nach rechts und gelangen nach mehreren Schlenkern zum **Bahnhof** **10**.

Geradeaus über die Brigachbrücke schlendern wir durch die Fußgängerzone und durch das markante **Stadttor** **11** zurück zum **Parkhaus** **01** unterhalb des Hubenlochs.

Poleneiche mit Sühnekreuz.

Infotafeln und Grab-Rekonstruktionen auf der Hügelkuppe des Magdalenenbergs.

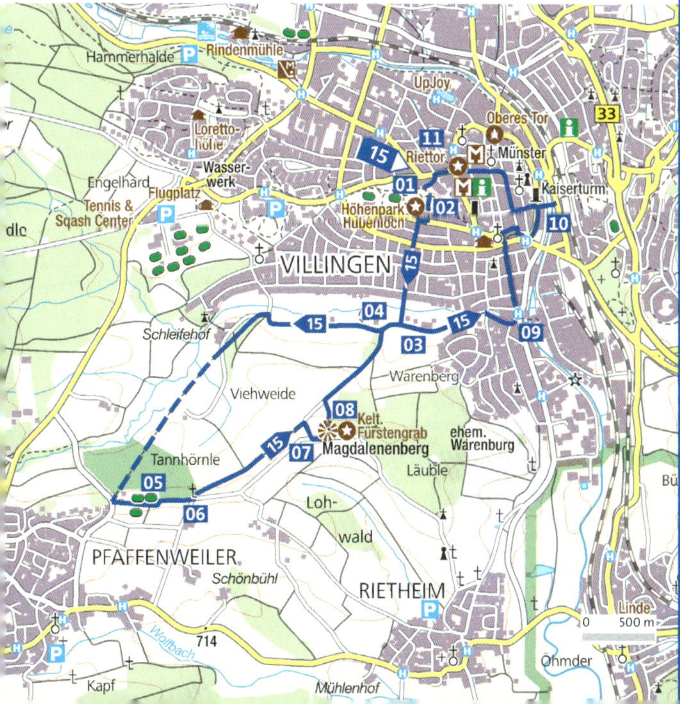

EISENBACHER PANORAMAWEG

Genusswandern im Hochschwarzwald

10,25 km | 3:00 h | 211 hm | 211 hm

START | Eisenbach, Wolfwinkelhalle, Bei der Kirche, großer Parkplatz
[GPS: UTM Zone 32 x: 445.000 m y: 5.311.970 m]
CHARAKTER | Wiesen- und Forstwege sowie schmale Waldpfade, kurz auf asphaltiertem Gehweg und Nebensträßchen, der Abstieg zum Rappenloch ist etwas verwachsen und manchmal feucht.

Von der **Wolfwinkelhalle** 01 gehen wir auf dem Asphaltsträßchen bergab, vorbei an Rathaus und Kirche. Unterhalb der Kirche überqueren wir die Autostraße und folgen links den Markierungen nach Oberbränd. Abwärts über eine Wiese, überqueren wir einen Bach und steigen einen Wiesenhang hoch. Kurz vor einem Haus treffen wir rechts auf eine Bank und die Pos. **Rappenloch** 02. Wir halten uns rechts, folgen dem Schild nach Oberbränd und wandern leicht ansteigend am Waldrand entlang. Schöner Ausblick rechts hinüber nach Eisenbach.

Der breite, gekieste Weg steigt etwas steiler an, rechts unten ist die markante Straßenkurve zu sehen, und wir stoßen oben auf der Kuppe auf den Kehrdobelweg, dem wir rechts folgen in Richtung Häuser. Kurz vor den ersten Häusern erreichen wir die Pos. Höchst Waldrand, treffen auf ein Panoramaweg-Schild und folgen

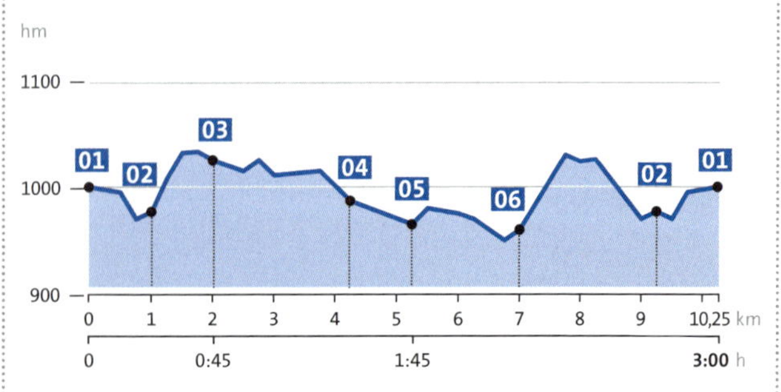

01 Wolfwinkelhalle, 1000 m; 02 Rappenloch, 977 m; 03 Harzer Häuser, 1025 m; 04 Kirche, 987 m; 05 Oberbränd-Forsthaus, 965 m; 06 Mühle, 960 m

Wolfwinkelhalle in Eisenbach.

diesem nach links. Leicht abwärts gehend stoßen wir auf die **Pos. Harzer Häuser** **03** und wandern weiter auf dem markierten Panoramaweg. Wir bleiben etwas versetzt am Waldrand, rechts unten verläuft die Autostraße. Durch die Bäume hindurch hat man einen weiten Ausblick nach rechts.

Wir nähern uns der Straße an, rechts unten ist das Ortsschild von Oberbränd zu erkennen, bleiben aber ein paar Meter im Wald. Der breite Forstweg schwenkt in einer Linkskurve hoch (Spitzwaldweg), wir biegen aber rechts ab (gelbe Raute), gehen leicht abwärts und verlassen wenig später den Wald. Bei der Pos Alpenblick eröffnet sich ein herrliches Panorama.

Der Weg führt stärker in den Wald hinein, schwenkt nach links und

Die Kirche in Oberbränd.

trifft auf einen kreuzenden Forstweg (Brandplatz). Mit der gelben Raute halten wir uns rechts, erreichen am Waldrand wieder Häuser und auf Asphalt passieren wir die **Kirche** **04** und die Pos. Oberbränd-Waldrand.

Wir folgen links dem Waldweg bis zur Straße, schwenken kurz rechts und marschieren auf dem straßenbegleitenden Gehweg entlang der Oberbränder Straße. Nach der Fa. Tritschler verlassen wir den Gehweg, weichen links auf einen schmalen und wurzeligen Pfad in den Wald hinein und gelangen zur **Pos. Oberbränd-Forsthaus** **05**. Hier biegt links die geteerte Alte Bubenbacher Straße ab.

Das nur für land- und forstwirtschaftlichen Verkehr offene Sträßchen geht bald in einen Kiesweg über und verläuft anfangs am Waldrand entlang. Wir überqueren eine kreuzende Autostraße, wandern eine leicht ansteigende Rechtskehre hoch, dann geht es relativ flach durch schattigen Wald. Am Waldende treffen wir wieder auf Asphalt und Häuser, passieren die Pos. Gläserweg und folgen links hoch einem schmalen, asphaltierten Sträßchen (blaue Raute mit Weißstrich) Richtung Eisenbach.

Nach wenigen Schritten taucht links die **Mönchhofmühle** **06** auf, wir kommen wieder in Wald und der Asphalt endet. Der breite Waldweg steigt zunächst leicht, dann stärker an, es wird schattig. Bei einer roten Sitzbank flacht der Weg ab (Glaserweg) und verläuft eben durch den Wald. Nach einem Marterl treffen wir auf die Pos. Sonnenwende, verlassen den Glaserweg und laufen auf einem schmalen Waldpfad in den Wald hinein (Sonnenwegle, gelbe Raute).

Der sehr „grüne" und teils etwas feuchte Weg fällt leicht ab, wir passieren ein Schild „Vorsicht Bogensport, Wege nicht verlassen!" – und gelangen wieder ans Waldende. Kurz am Waldrand entlang, und wir sind bei der Pos. Unteres Rappenloch. Auf dem ein paar Meter asphaltierten Rappenlochweg geht es entlang der Straße leicht berghoch zum Haus **Rappenloch** **02** und zur Verzweigung mit dem Hinweg. Nach rechts sind wir in wenigen Minuten wieder zurück am Ausgangspunkt bei der **Wolfwinkelhalle** **01**.

Waldpfad hinab ins Rappenloch.

ZÄHRINGER-HERZOGS-TOUR

Durch Weinland zum Stammsitz der Zähringer

10,75 km | 3:45 h | 409 hm | 409 hm

START | Gundelfingen, Bahnhof, Rosenstraße; alternativ Parkplatz am Waldstadion, Weiherweg.
[GPS: UTM Zone 32 x: 416.060 m y: 5.321.720 m]
CHARAKTER | Wald- und Naturwege, kurze Asphaltpassagen und Nebensträßchen, streckenweise schöne Waldpfade.

Abwechslungsreiche Rundwanderung durch Reben- und Waldgelände zu den Überresten des Zähringer Stammsitzes, mit herrlichen Ausblicken über die Breisgaumetropole Freiburg.

▶ Am Bahnhof in **Gundelfingen** 01 unterqueren wir die Bahn und folgen der Straße Glotterpfad. Bei der Verzweigung Sonnhalde bleiben wir geradeaus und biegen dann rechts in den Weiherweg ein. Vorbei am Parkplatz des Waldstadions und einem kleinen Park mit Spielplatz verlassen wir das Sträßchen und weichen links auf einen Naturpfad aus, der uns durch das Parkgelände leitet, parallel zur Straße.

Am Waldende erwartet uns ein herrliches Panorama und eine Verzweigung am **Rebberg** 02, an der wir scharf links abbiegen. Wir wandern den recht steil anstei-

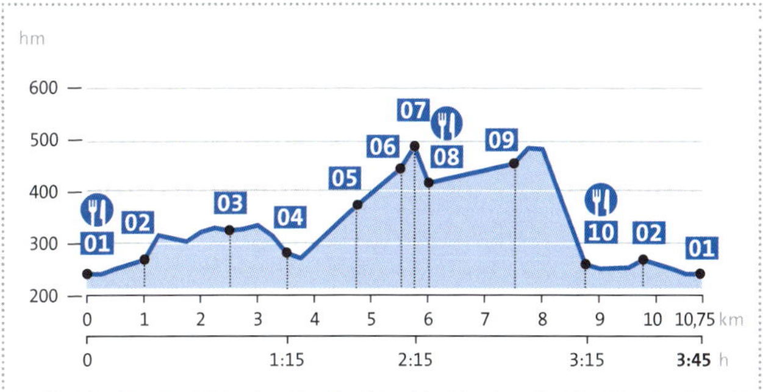

01 Gundelfingen, Bhf., 240 m; 02 Am Rebberg, 267 m; 03 Pos. Leheneck, 323 m; 04 Wildtal-Flammhof, 280 m; 05 Waldbrunnerhof, 372 m; 06 Schlosshäuser Nord, 442 m; 07 Zähringer Burg, 485 m; 08 Ghs. Zähringer Burg, 415 m; 09 Vordere Poche, 452 m; 10 Wildtal, Dorfbrunnen, 258 m

Der zinnengekrönte Turm der Zähringer Burgruine.

genden Weg, zwischen Waldrand und Weinreben, hoch, bis zu einer Kuppe, wo der Asphalt endet. Vorbei an einem überdachten Aussichtsplatz tauchen wir leicht abwärts wieder in Wald, stoßen auf eine Verzweigung und folgen der Markierung Leheneck (Oberer Schwarzlachenweg, rote Raute). Wir überqueren nochmals eine Kuppe und wandern hinab in offenes Gelände.

An der **Pos. Leheneck** 03 stoßen wir auf ein großes Wegkreuz (mit den Gemeindewappen von Gundelfingen, Wildtal und Heuweiler). Wir halten uns rechts, leicht abwärts, schwenken aber nach 100 m scharf links ab und wandern zum Waldrand. Der mit einer gelben Raute markierte Weg steigt anfangs leicht an, bringt uns zur Pos. Längenhart, wir halten uns rechts und der Weg fällt wieder ab. Nach einem steileren Abwärtsstück im Wald gelangen wir ins Freie und marschieren in Kehren bergab zur Autostraße (Pos. **Wildtal-Flammhof** 04). Kurz rechts, dann biegen wir bei der Pos. Schömperlehof links ab und wandern auf einem kurvenreichen Asphaltsträßchen durch aussichtsreiches Wiesengelände zum **Waldbrunnerhof** 05 hoch. Grandioser Ausblick nach Freiburg. Vor dem Hof rechts, an der Hauskapelle vorbei, steigen wir zum Wald hoch und gehen auf dem nicht mehr asphaltierten Schlossholdenweg rechts am Waldrand entlang.

Wir erreichen auf einer Kuppe mehrere Gebäude, die Pos. **Schlosshäuser Nord** 06, schwenken vor den Häusern mit der gelben Raute nach rechts und gehen auf einem leicht ansteigenden Naturweg wieder in den Wald hinein und steigen dann zum Turm der ehem. **Zähringer Burg** 07 hoch. Von der Aussichtsplattform genießt man einen wunderbaren Rundumblick.

Wir gehen ein Stück zurück und folgen dann dem Weg zum **Gasthaus Zähringer Burg** 08. Rechts hinab führt der Kohlerweg, dem wir bis zu einer Verzweigung folgen, wo wir rechts abbiegen in Richtung Wildtal. Es geht weiter bergab, durch Wald und am Waldrand entlang, der Weg wird schmäler und wir stoßen auf die Straße **Vordere Poche** 09. Wir schwenken rechts, der Asphalt endet bald und der Wildtalweg, zunächst am Waldrand entlang, führt uns wieder in den Wald hi-

Blick über den Waldbrunnerhof und die Hofkapelle hinab ins Tal.

nein. Leicht abwärts, vorbei an einer Abzweigung, die rechts hoch zur Zähringer Burg ausgeschildert ist, gelangen wir zur Station Friedhof Wildtal und am Gasthaus Kandelblick vorbei zur Pos. **Wildtal Dorfbrunnen** **10**. Auf dem Gehweg entlang der Straße wandern wir Richtung Waldstadion, nach den letzten Häusern können wir rechts über eine Wiese den Weg abkürzen und sind kurz darauf bei der Abzweigung am Rebberg, wo wir auf den Hinweg treffen.

Auf bekanntem Weg am Waldstadion vorbei zurück zum Bahnhof **Gundelfingen** **01**.

MERZHAUSER HEXENTALWEG

Erlebnis-Rundwanderung im Süden von Freiburg

17 km | 5:30 h | 373 hm | 373 hm

START | Merzhausen, Friedhofweg, Parkplatz beim Bürgerbad [GPS: UTM Zone 32 x: 412.200 m y: 5.313.250 m]
CHARAKTER | Wald-, Landwirtschafts- und Forstwege, kurze Pfadpassagen; in den Orten asphaltierte Gehwege und Nebensträßchen.

Von Au bis Bollschweil ist der Hexentalweg als Erlebnispfad angelegt und der Rückweg verläuft streckenweise auf dem aussichtsreichen Bettlerpfad, einem historischen Wanderweg von Merzhausen nach Badenweiler. Eine abwechslungsreiche Runde durch alte Schwarzwalddörfer, Wälder, Streuobstwiesen und Weinreben.

▶ Vom Hallenbad in **Merzhausen** 01 gehen wir den Friedhofsweg vor zur Dorfstraße, halten uns links, passieren das Kultur- und Bürgerhaus (Forum), überqueren einen kleinen Bach und folgen rechts der Hexentalstraße. Nach wenigen Metern überqueren wir sie und biegen links ab in den Mühleweg, ein asphaltiertes Sträßchen, das zwischen Häusern hindurch leicht ansteigend zur **Pos. Merzhausen Sportplatz** 02 und weiter (gelbe Raute) nach **Au** führt.

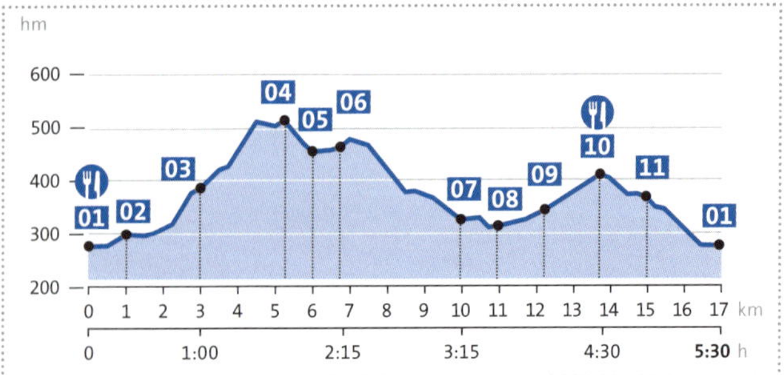

01 Merzhausen, Hallenbad, 275 m; 02 Merzhausen, Sportplatz, 297 m; 03 Stöckenhöfen, 384 m; 04 Schützenhaus, 510 m; 05 Sölden-Bürglestraße, 452 m; 06 Salenbergkapelle, 460 m; 07 Bollschweil-Kindergarten, 324 m; 08 Mariengrotte, 312 m; 09 Gaisbühl, 342 m; 10 Wittnau-Orchenhof, 408 m; 11 Au-Adlerburg, 366 m

Die aussichtsreich gelegene Salenbergkapelle.

Wir folgen dem nicht asphaltierten, schmalen Elmar-Binzenhofer-Weg am Bach entlang bis ans Ende. Dort stoßen wir auf die Straße Am Dorfbach, folgen ihr nach rechts, überqueren eine Vorfahrtsstraße und bleiben weiter am Bach entlang (Schützenhausweg).

Der gepflasterte Weg steigt leicht an, verlässt den Bach, wir wandern am Herbert-Frank-Schützenhaus vorbei und treffen auf eine Schranke. Der Asphalt hört auf, es wird steiler und der Weg führt in den Wald hoch. Wir erreichen einen kleinen Rastplatz und kurz darauf ein Asphaltsträßchen. Herrlicher Ausblick nach Freiburg. Auf einer Kuppe stoßen wir auf die Gebäude der Klinik Stöckenhöfe, passieren sie und marschieren auf dem ansteigenden Bitzighofenweg (mit gepflasterten Fahrspuren) zur **Pos. Stöckenhöfen** 03 hoch.

Am Ende der Fahrspuren, bei einem großen Kreuz, zweigt unser Weg links ab. Der nicht asphaltierte Weg (Sägeloch) steigt steiler an und bringt uns zur Pos. Bi de Sandgrub. Der Hexentalrundweg ist nach links hoch ausgeschildert, verläuft weiter auf dem Weg Sägelöch, über freies Wiesengelände leicht bergab am Hang entlang. Schöner Ausblick rechts hinab ins Tal und nach Wittnau.

Wir erreichen wieder Wald und folgen dem Auf und Ab des Weges, entlang eines Bächleins, den wir dann nach rechts überqueren und auf dem Bergschlossweg (Erlebnispfad Hexental, gelbe Raute) im Wald weiter ansteigen. Nach einem steileren Anstieg treffen wir auf eine kreuzende Forststraße und folgen ihr links abwärts zur Pos. Bi de Rinn. Rechtshaltend, dann bei der nächsten Verzweigung links hoch, erreichen wir das **Schützenhaus** 04. Auf einem herrlichen Aussichtspfad wandern wir am Waldrand entlang weiter, folgen einer kreuzenden Forststraße bergab zur Pos. Dirlerrain. Wir schwenken rechts weiter bergab,

Der Sagenpfad bei der Salenbergkapelle.

sind nach 20 m auf Asphalt und bei den ersten Häusern, **Pos. Sölden, Bürglestraße** **05**.

Wir biegen links ab in den Mühleweg und dann vor einem Wanderparkplatz rechts Richtung Rötteberg. Am Waldrand entlang geht es auf einem nicht asphaltierten Waldweg leicht ansteigend hoch. Bald sehen wir die Spitze der Kapelle vor uns und auf der Hochebene eröffnet sich ein grandioses Panorama, mit Blick bis zum Freiburger Münster. Nach links ist hier ein Sagenpfad ausgeschildert.

Unterhalb der **Salenbergkapelle** **06** gehen wir auf dem Salenbergweg nach links zum Waldrand, an Skulpturen des Sagenwegs entlang, und wandern mit dem Rütibuckweg rechts abwärts in den Wald. Wir treffen auf die Autostraße, überqueren sie und folgen ihr links. Bei einem kleinen Parkplatz verlassen wir den Rad-/Gehweg und weichen rechts auf einen Waldweg aus.

Am Ortsschild Bollschweil folgen wir der Hexentalstraße abwärts, schwenken rechts in die General-von-Holzing-Straße, passieren die **Pos. Kindergarten** **07** und gehen rechts in den Ölbergweg; ab hier folgen wir dem historischen Bettlerpfad. An Friedhof und

Links am Weg taucht die Mariengrotte auf.

Sportgelände vorbei, erreichen wir den Waldrand, der Asphalt hört auf, und kurz darauf taucht links die **Mariengrotte** **08** auf.

Der breite Forstweg leitet uns, in leichtem Auf und Ab und abwechselnd auf Asphalt und Kies, über **Gaisbühl** **09** und **Wittnau** **10** nach **Au** **11**. Bei der Adlerburg halten wir uns rechts und folgen dem asphaltierten Sträßchen bergab, um nach wenigen Metern links in den Naturweg Am Mainrain abzubiegen. Schöner Blick zum Tuniberg und in Richtung Freiburg. Am Hang entlang wandern wir abwärts zu den Häusern, gelangen über die Weberstraße zur Friedhofsstraße, die uns vor dem Forum nach links zurück zum Ausgangspunkt leitet.

SCHAUINSLAND • 1284 m

Trägt seinen Namen zu Recht!

8,5 km | 3:30 h | 871 hm | 71 hm

START | Freiburg Horben, Talstation der Schauinslandbahn, großer Parkplatz
[GPS: UTM Zone 32 x: 415.250 m y: 5.309.870 m]
CHARAKTER | Forst- und Waldwege, teils wurzelige Pfade, gleichbleibende Steigung; Vorsicht am ungesicherten Stäpfelefelsen.

Der Freiburger Hausberg ist besonders bei Inversionslagen ein unvergleichlicher Aussichtspunkt, er bietet nicht nur einen Tiefblick hinunter nach Freiburg, Ausblick in die Vogesen und zur Hornisgrinde, sondern exzellente Fernblicke bis zu den gewaltigen Alpenriesen Tödi, Eiger und Jungfrau, Grand Combin und Mont Blanc.

▶ Von der **Talstation Schauinsland 01** wandern wir links, leicht bergab, überqueren ein Bächlein und gehen auf einem Wiesenweg zum Waldrand hinüber. Der anfangs breite Weg verengt sich zu einem Pfad, nach einem Waldstück marschieren wir am Hang entlang auf die **Pos. Forsthaus Bohrer 02** zu. Hier folgen wir rechts dem Kiesweg via Schauinsland/Mittelstation. Am Waldrand entlang steigen wir an, mit herrlicher Aussicht nach rechts hinüber nach Horben. Bei der Pos. Karrweg

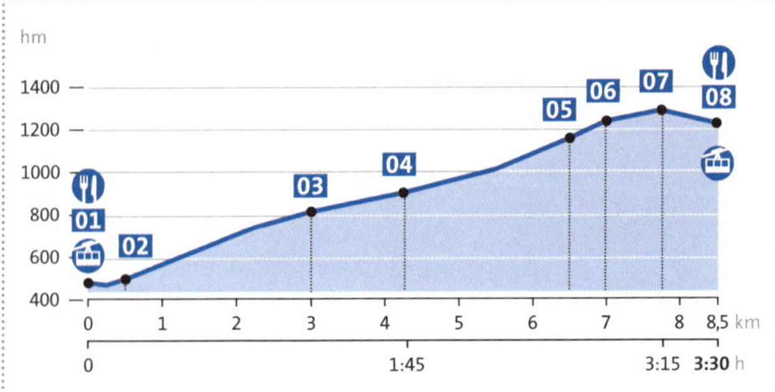

01 Talstation Schauinslandbahn, 473 m; 02 Forsthaus, 490 m; 03 ehem. Mittelstation, 807 m; 04 Stäpfelefelsen, 895 m; 05 Luisenfelsen, 1150 m; 06 Berghotel, 1230 m; 07 Schauinslandturm, 1280 m; 08 Bergstation Schauinslandbahn, 1219 m

Am Schauinslandturm.

biegen wir auf einen schmalen Pfad nach links ab, unterqueren die Seilbahn und treten in den schattigen Wald. Auf einem anfangs breiten Weg, der dann zunehmend schmäler wird, kreuzen wir mehrmals die Seilbahn und wandern kontinuierlich ansteigend in Kehren durch Wald und über schmale Lichtungen berghoch.

Auf schönem Waldweg steigen wir – der gelben Raute folgend – weiter an, überqueren zunächst eine Forststraße, dann die Schauinslandstraße und folgen der gelben Raute links hoch (Bachpeterweg). Der Asphalt endet bald, und wir stoßen auf die vom Schauinsland herabführende Rollerstrecke. Wenig später ist die ehem. **Mittelstation** 03 erreicht. Wir unterqueren die Bahn, passieren eine alte Holzhütte und bleiben bei einer Wegteilung geradeaus auf dem Alten Pflugshaldenweg. Bei der Pos. Pflugshaldenweg zweigen wir rechts auf einen schmalen, wurzeligen Pfad ab und traversieren ansteigend den Waldhang hoch. Unser Pfad mündet in einen breiteren Weg ein, es wird lichter und rechts taucht ein mächtiger Felsklotz auf, wir sind am **Stäpfelesfelsen** 04 – der mit einiger Vorsicht, da keine Sicherungen vorhanden sind, bestiegen werden kann. Tolle Aussicht.

Nach dem Felsen links hoch, zweimal einen Forstweg überquerend, stoßen wir auf eine breite Forststraße, der wir nach rechts folgen. Schöner Ausblick nach Freiburg. Wir gelangen zur Pos. Ramselen-Tobelweg, verlassen den breiten Weg und steigen auf einem anfangs felsigeren Pfad, der sich bald wieder zu einem breiten Forstweg weitet, weiter durch den Wald berghoch.

Wir überqueren zweimal die Schauinslandstraße, stoßen rechts auf einen felsigen Aussichtspunkt, den **Luisenfelsen** 05, und steigen weiter am Waldhang entlang hoch, der gelben Raute folgend, zum **Berghotel Schauinsland** 06

Am Stäpfelefelsen.

(Keine Gastronomie!). Nach rechts geht's zur Bergstation, wir halten uns links und wandern am Hotel vorbei in Richtung Schauinslandturm. Auf dem schmalen, steinigen Pfad erreichen wir nach einer scharfen Rechtskehre die Pos. Scheitel, überqueren den kreuzenden Skulpturenweg und stehen kurz darauf vor dem imposanten **Schauinslandturm** 07. Ein grandioser Panoramaausblick wird uns vom Turm geboten! Rechtshaltend durch Wald und über breite Stufen geht es hinab zum breiten Panoramaweg, den wir beim Café Bergstation nach rechts verlassen. Über Stufen und Kehren bringt uns ein Abkürzungspfad hinab zur **Bergstation** 08.

Aussichtsreiche Talfahrt mit der Schauinslandbahn.

Spannende Bergab-Alternative: Fast 8 km Downhill mit dem Roller!

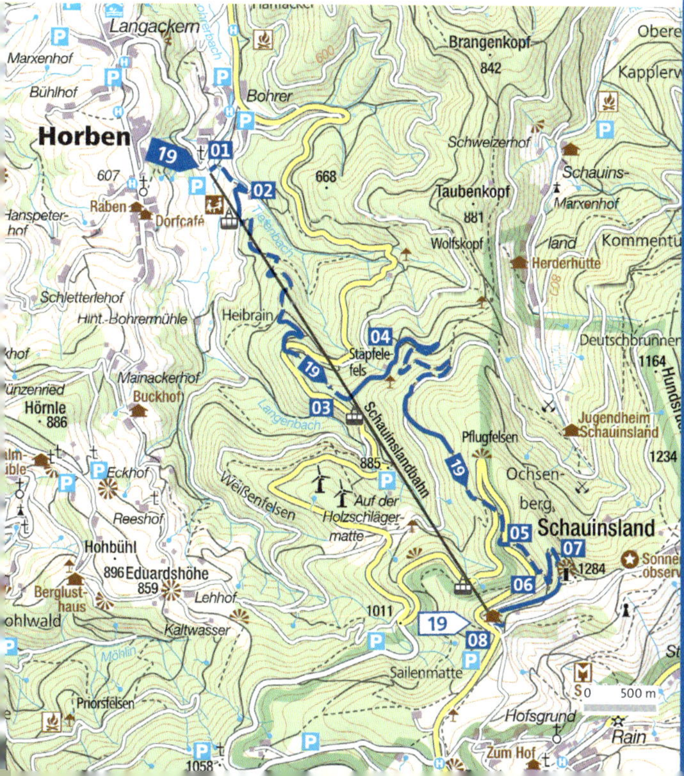

SCHAUINSLAND-GIPFELRUNDWEG

Museumsbergwerk, Bergbauernmuseum, Engländerdenkmal, Eugen-Keidel-Turm

4,75 km | 1:45 h | 229 hm | 229 hm

START | Bergstation Schauinslandbahn, Parken an der Talstation [GPS: UTM Zone 32 x: 415.250 m y: 5.309.870 m]
CHARAKTER | Breiter Wanderweg im Gipfelbereich, schmale, teils steilere und kehrenreiche Pfade zum Schniederlihof hinab und hinauf zum Engländerdenkmal.

Der Schauinsland kann auf eine lange Bergbaugeschichte zurückblicken, über 700 Jahre wurde Silber, Blei und Zink abgebaut; erst 1954 wurde der Abbau eingestellt. Ein Teil des ehem. Bergwerks wird heute als Aufbewahrungsort für Archivalien der Bundesrepublik benutzt, ein Teil ist als Museumsbergwerk der Öffentlichkeit zugänglich und im Rahmen von Führungen zu besichtigen.

▶ Von der Bergstation der **Schauinslandbahn** 01 schlendern wir auf dem Asphaltsträßchen bergab zum Parkplatz und einer großen Infotafel. Hier ist ein Erzkasten-Rundweg ausgeschildert und es stehen einige Relikte der Bergbauzeit herum.

Wir folgen der Markierung in Richtung Museumsbergwerk zunächst auf Asphalt, biegen aber

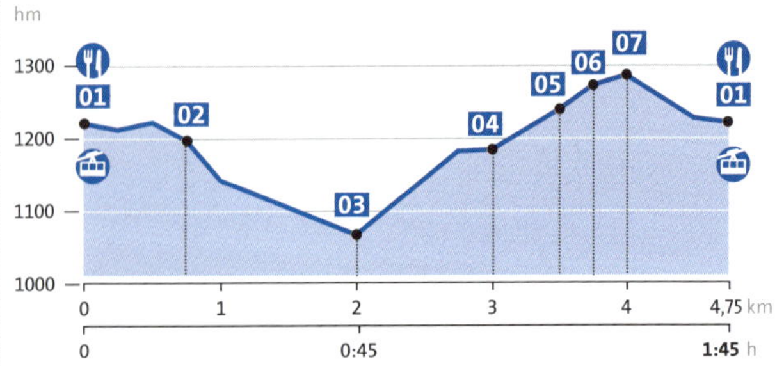

01 Bergstation Schauinslandbahn, 1219 m; 02 Museumsbergwerk, 1195 m; 03 Schniederlihof, 1065 m; 04 Engländerdenkmal, 1182 m; 05 Observatorium, 1237 m; 06 Skulptur, 1270 m; 07 Schauinslandturm, 1284 m

Eingang des Museumbergwerks.

bald rechts ab auf einen breiten gekiesten Weg, der leicht abwärts in den Wald führt. An mächtigen Laubbäumen vorbei, die schöne Ausblicke nach rechts hinab ins Tal und hinüber nach Hofsgrund ermöglichen, erreichen wir eine Lichtung und den Eingang zum **Museumsbergwerk** 02.

Geradeaus weiter gelangen wir wieder in den Wald, und vorbei an Schienen und alten Loren fällt der schmäler werdende Pfad ab. Nach einer scharfen Rechtskehre geht es auf einem schottrigen Pfad ordentlich steil durch niederes Gebüsch bergab. Wir folgen bei einer Verzweigung der Markierung nach links, passieren die Abzweigung, die links hoch zum Engländerdenkmal führt, und halten uns rechts abwärts in Richtung Schniederlihof, der links unter uns liegt.

Vorbei an der Pos. Gegentrum Wassertretstelle knicken wir bei der nächsten Verzweigung scharf links ab und wandern zum Bauernhausmuseum **Schniederlihof** 03 hinüber. Nach dem Schniederlihus unterqueren wir zweimal

Das Engländerdenkmal.

einen Skilift und folgen bei der Verzweigung links dem Kräutererlebnisweg in Richtung Engländerdenkmal. Der rechte Weg führt hinab zum Steinwasenpark. Wir traversieren, stetig ansteigend, auf dem grasigen Pfad am Hang entlang, mit wunderbarer Aussicht nach rechts. Nach einer Baumgruppe schwenken wir scharf links ab und steigen über den freien Wiesenhang zum schon sichtbaren **Engländerdenkmal** 04 an.

Die letzten Meter nach einer Linkskehre verlaufen fast eben, dann ist das auffällige Mahnmal, das an fünf Jugendliche aus England erinnert, die 1936 hier in einen Schneesturm geraten und umgekommen sind, erreicht. Ein paar Meter oberhalb des Denkmals geht links ein Weg ab zum Museumsbergwerk, wir steigen aber geradeaus über einen Grasweg in Richtung Schauinslandgipfel, treffen auf einen breiteren Pfad und folgen ihm hoch zu einem Asphaltsträßchen und zur Pos. **Sonnenobservatorium** 05. Wir folgen links dem breiten Kiesweg zu einer interessanten **Kopfskulptur** 06, die mit einer Sitzbank auf der Rückseite einen wunderbaren Blick zum Feldberg erlaubt. Weiter leicht ansteigend führt uns der aussichtsreiche Skulpturenweg zum **Schauinslandturm** 07 hoch.

Über breite Stufen gehen wir zum Panoramaweg hinab und wandern gemütlich abwärts zur Bergstation der Schauinslandbahn. Kurz vor der Bergstation können wir den breiten Weg nach rechts verlassen und über steilere Stufen die letzte Wegkehre zur **Bergstation** 01 etwas abkürzen.

Das Bauernhausmuseum Schniederlihof.

BURG STAUFEN

Zwischen Rheinebene und Schwarzwald

6,5 km | 2:15 h | 266 hm | 266 hm

START | Staufen, Am Schießrain, Parkplatz
[GPS: UTM Zone 32 x: 405.130 m y: 5.303.640 m]
CHARAKTER | Wander- und Waldwege, streckenweise asphaltierte Nebensträßchen, ab dem Schützenplatz schmalere Pfade, nach dem Messerschmiedfelsen etwas steiler und kehrenreich bergab.

Staufen liegt an der Grenzlinie zwischen der Rheinebene und dem Schwarzwald und bildet den Endpunkt des Münstertals und des Markgräflerlandes. Von der Burg Staufen lassen sich diese ganz unterschiedlichen Landschaftsformen und Naturräume eindrucksvoll erkennen und erleben.

▶ Vom **Parkplatz Am Schießplatz** 01 wandern wir über die Schladererstraße und die Auf-dem-Rempart-Straße in die Kirchstraße und zum Marktplatz. Nach rechts erreichen wir auf der Hauptstraße die **Pos. Station Staufen Post** 02, wo sich uns ein schöner Blick nach rechts hoch über die Weinberge zur Burg Staufen bietet.

Wir biegen rechts in die schmale, asphaltierte Sixtgasse ein, stoßen auf die Schlossgasse und folgen ihr links weiter anstei-

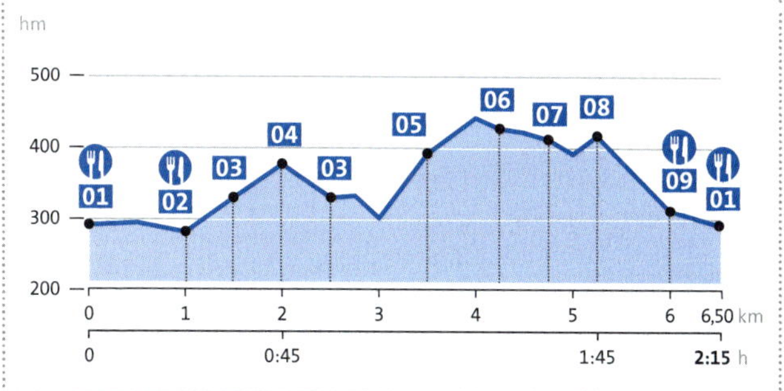

01 Staufen, 290 m; 02 Staufen Post, 280 m; 03 Krautäcker, 328 m; 04 Burg Staufen, 375 m; 05 Jägerhäusle, 390 m; 06 Schützenplatz, 425 m; 07 St. Johanniskapelle, 410 m; 08 Messerschmiedfelsen, 415 m; 09 Beim Felsenkeller, 310 m

Marktplatz mit Rathaus und Tourist-Info in Staufen.

gend hoch, ein aussichtsreiches, asphaltiertes Weglein, das sich durch die Weinhänge in Kehren zur Burgruine hochschlängelt. Wir passieren den Panoramaweg (von dem aus aber kein Zugang zur Burg möglich ist!), stoßen auf eine Verzweigung bei der **Pos. Krautäcker** 03 (Granitdenkmal) und marschieren links weiter hoch zur **Burgruine Staufen** 04. Über eine schmale, steile Treppe ist der Turm zu besteigen und belohnt uns mit einer fantastischen Panoramaaussicht.

Zurück beim Denkmal, halten wir uns nun links. Das asphaltierte Sträßlein verläuft aussichtsreich durch die Reben (gelbe Raute). Der Asphalt endet und über den Prof.-Kurt-Lehmann-Weg gelangen wir zur Pos. Bettlerpfad, halten uns links an der Straße entlang und biegen dann rechts in den Erhart-Kästner-Weg ab. Das schmale Asphaltsträßchen führt leicht ansteigend hoch in den Wald, ein kleiner Bach taucht rechts auf, und wir treffen auf das **Jägerhäusle** 05.

Wir wandern geradeaus weiter, der Asphalt endet, wir überqueren den Bachlauf und steigen in einer scharfen Rechtskurve an.

Nach einer Linkskehre geht es weniger steil durch hohe Bäume hindurch, wir stoßen auf einen kreuzenden Pfad, dem wir nach rechts folgen. Der schmale Waldpfad fällt leicht ab und bringt uns zur **Pos. Schützenplatz** 06, einer überdachten Grillstelle mit Tischen und Bänken. Hinter der Hütte wenden wir uns nach links und folgen dem schmalen Pfad Richtung Kapelle. Ein sehr interessanter Weg am Waldhang entlang, flankiert mit vielen Info- und geistreichen Texttafeln, leitet uns zur **St. Johanniskapelle** 07.

Wir umrunden die Kapelle und kurven, mit manchem Blick durch die lichten Bäume zur Ruine, auf schmalem Pfad zunächst leicht abwärts zur Verzweigung bei der Pos. Im Eichenwald und zum markierten **Messerschmiedfelsen** 08, einer herrlichen Aussichtsposition-

Burg Staufen.

on mit Geländer, Bank und einer kleinen Figur der heiligen Barbara, der Schutzpatronin der Bergleute.

Kurz zurück zur Verzweigung und nun recht steil und kehrenreich den Waldhang hinab, über die Albert-Hugard-Straße, die rechts zum nahen **Felsenkeller** 09 führt, hinüber und auf der Straße Am Schießrain zurück zum Ausgangspunkt **Parkplatz Am Schießplatz** 01.

KÄLBELESCHEUER – NONNENMATTWEIHER

Gemütliche Einkehrtour im Münstertal

10 km | 3:15 h | 226 hm | 226 hm

START | Parkplatz Kreuzweg, Sirnitzsattel, L131
[GPS: UTM Zone 32 x: 408.500 m y: 5.294.800 m]
CHARAKTER | Wald- und Wiesenwege, streckenweise schmälerer, teils wurzeliger Pfad, der zwischen Kälbelescheuer und Haldenhof auch felsigere Passagen aufweist, aber insgesamt gut begehbar.

Der Nonnenmattweiher ist als Naturschutzgebiet ausgewiesen, umfasst den gleichnamigen Karsee, das ihn umgebende Felsengelände und die vorgelagerten Moränenwälle, und ist Heimat und Lebensraum etlicher seltener Tier- und Pflanzenarten.

Vom aussichtsreichen **Parkplatz Kreuzweg** 01 überqueren wir die Passstraße und gehen auf einem Naturweg am Skihäuschen vorbei hoch in den Wald (gelbe Raute). Der breite Weg wird bald flach, und der relativ lichte Wald bietet schöne Aussicht nach rechts. Bald ist rechts unten auch die Kälbelescheuer zu erkennen. Über freie Wiesenlichtungen und am Waldhang entlang kurven wir hinab zur Kälbelescheuer. Weit hinten am Horizont ist der Rhein zu sehen.

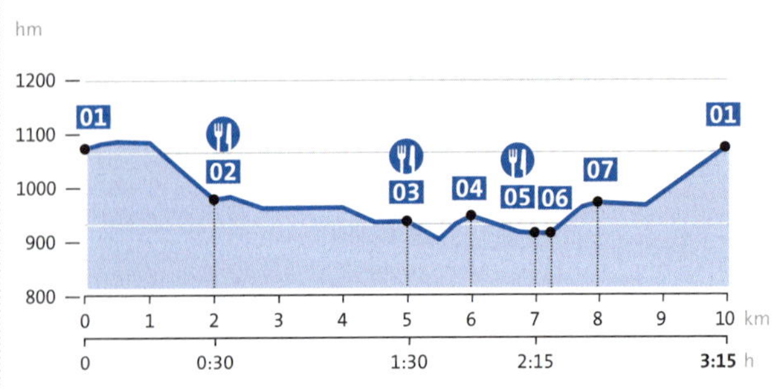

01 Parkplatz Kreuzweg, 1071 m; 02 Kälbelescheuer, 976 m; 03 Haldenhof, 935 m; 04 Pos. Sägewald, 945 m; 05 Fischerhütte, 913 m; 06 Nonnenmattweiher, 913 m; 07 Pos. Althütte, 970 m

An der Kälbelescheuer.

Vor der **Kälbelescheuer** 02 geht es scharf rechts ab in Richtung Haldenhof. Durch ein Holztor wandern wir auf schmalem Wiesenpfad an einer Baumreihe entlang zum Wald, dort fällt der zunächst flache Weg etwas ab und wir überqueren nach einer scharfen Linkskehre einen kleinen Bach. Es wird steiniger, Felsen saumen den Weg, und nach einer Infotafel „Was schadet dem Wald?“ endet der breite Waldweg und wir folgen rechts einem schmaleren, teils wurzeligen Pfad (Mark. Haldenhof). In leichtem Auf und Ab, mit einigen felsigeren Passagen, geht es stärker in den Wald hinein.

Wir passieren eine Unterstandshütte und eine etwas ausgesetztere, mit Holzbrettern ausgestattete Stelle, erreichen das Waldende und haben bei einer wunderbaren Aussichtsstelle Blickkontakt hinüber zum Haldenhaus.

Der Weg fällt wieder ab, wird schmaler und führt uns an Felsen vorbei zu einer steilen Felswand, die sich rechts hochzieht. Wir traversieren in einer großen Linkskurve am Hang entlang, sehen links unten die Autostraße, die wir dann am Waldende erreichen und gelangen links nach wenigen Metern zur **Pos. Haldenhof** 03.

Wir marschieren das Asphaltsträßchen hinab nach Hinterheubronn, vorbei an einer Abzweigung rechts zur Fischerhütte, folgen der blauen Raute und dem unten in der Straßenkurve nach rechts abzweigenden und steiler ansteigenden zunächst asphaltierten Weg Richtung Nonnenmattweiher. Wenig später endet der Asphalt, es wird flacher, und der aussichtsreiche Landwirtschaftsweg führt uns in den Wald hinein und steigt stärker an. Wir erreichen die **Pos. Sägewald** 04 und wandern geradeaus weiter Richtung Fischerhütte/Nonnenmattweiher und ans Waldende. Ein schöner, aussichtsreicher Grasweg führt leicht bergab, zwischen Viehweiden hindurch über ein herrlich offenes Wiesengelände. Links oben ist

Am Nonnenmattweiher.

schön der Belchengipfel und das Belchenhaus zu sehen.

Vorbei an der **Gaststätte Fischerhütte** 05 schlendern wir auf einem breiten, gekiesten Fahrweg vor zum nahen **Nonnenmattweiher** 06. Wir halten uns links, gehen am Ufer entlang und in einer Rechtskehre durch lichten Wald leicht ansteigend zur **Pos. Althütte** 07. Dort schwenken wir nach links und folgen dem Forstweg am Waldrand entlang. Weit vor uns sieht man oben schon den Parkplatz Kreuzweg.

Bei einer Wegteilung biegen wir links ab, an einer hinter Büschen versteckten Gelbmarkierung, und marschieren auf einem breiten, leicht ansteigenden Forstweg

Kurz vor der Fischerhütte.

Blick hinauf zum Haldenhof.

durch ein relativ offenes Gelände zum Waldrand und an ihm entlang zum Ausgangspunkt beim **Parkplatz Kreuzweg 01** zurück.

BELCHEN • 1414 m

Südanstieg über den Nonnenmattweiher

17,25 km | 6:00 h | 802 hm | 802 hm

START | Haldenhof, Parkplatz, Bushaltestelle
[GPS: UTM Zone 32 x: 409.570 m y: 5.295.130 m]
CHARAKTER | Wald-, Forst- und Wiesenwege, kurze Asphaltpassagen, steiler, kehrenreicher und wurzeliger Anstieg von Neuenweg zum Belchen; auch der Abstieg ist nach dem Hohkelchsattel teils felsig, wurzelig und kehrenreich.

Der dritthöchste Schwarzwaldgipfel wurde bereits 1949 unter Naturschutz gestellt und zählt heute zu einem der größten Naturschutzgebiete in Baden-Württemberg. Mit jährlich mehr als 300.000 Besuchern gehört er zu den beliebtesten Ausflugszielen im Schwarzwald, was er wohl auch der 2001 eröffneten Seilbahn verdankt.

▶ Vom **Haldenhof** 01 folgen wir dem Asphaltsträßchen hinab nach Hinterheubronn, biegen in der Straßenkurve rechts ab Richtung Nonnenmattweiher, steigen Richtung Wald hoch und wandern auf dem breiten Forstweg zur **Pos. Sägewald** 02. Zunächst flach ans Waldende, dann über herrlich freies Wiesengelände leicht bergab zur Gaststätte **Fischerhütte** 03

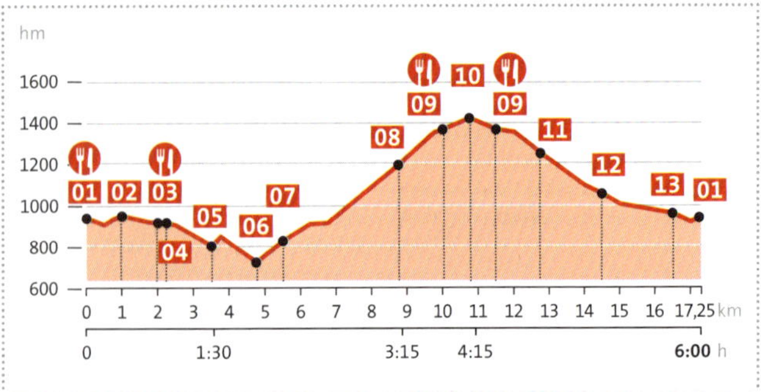

01 Haldenhof, 935 m; 02 Pos. Sägewald, 945 m; 03 Fischerhütte, 913 m; 04 Nonnenmattweiher, 913 m; 05 Vorderheubronn, 800 m; 06 Neuenweg, 720 m; 07 P Hau, 825 m; 08 Hohfelsen, 1190 m; 09 Belchenhaus, 1360 m; 10 Belchen, 1414 m; 11 Hohkelchsattel, 1245 m; 12 Richtstatt, 1050 m; 13 Dekan-Strohmeyer-Kapelle, 955 m

Aufblick zum Belchenhaus.

und weiter auf gekiestem Fahrweg zum **Nonnenmattweiher** 04. Auf dem Weiherweg (blaue Raute) verlassen wir den See auf einem flachen Forstweg, entlang eines Baches. Bei der Pos. Alte Pflanzschule bleiben wir geradeaus, Richtung Vorderheubronn, und der breite, aussichtsreiche Weg fällt leicht ab.

Wenig später zweigt bei einem NSG-Schild die blaue Raute links vom breiten Weg und es geht steiler am Hang entlang auf einem schmalen Pfad zu einer Forststraße hinab und zur Pos. Vorderheubronn. Linkshaltend und den Bach überquerend treffen wir wenig später auf die Häuser von **Vorderheubronn** 05. Auf Asphalt überqueren wir eine Brücke und steigen auf einem nicht asphaltierten Weg den Wiesenhang ordentlich steil hoch zur sichtbaren Straße und über sie hinweg zur wenig entfernten Pos. Auf dem Eck.

Nach **Neuenweg** 06 fällt das Asphaltsträßchen wieder steil ab, wir durchqueren den Ort, passieren das Café Rosenstübchen (ehem. Gretherhof) und das Rathaus und steigen zunächst auf Asphalt, dann auf Kies – und wieder ordentlich steil – zum **Parkplatz Hau** 07 hoch.

Jenseits der Straße schwenken wir nach links und folgen der blauen Raute auf einem schönen Pfad über freies Wiesengelände, vorbei an einer Infotafel „Zur historischen Schanze". Nach steilerem Anstieg erreichen wir den Waldrand und folgen dem teils breiteren, teils schmäleren Weg durch Wald und über Lichtungen stetig ansteigend hoch zur 1000-m-Grenze bei der Pos. Glatte Brache.

Über die meist freien steilen Weidehänge schlängelt sich der Pfad dann in Serpentinen und Spitzkehren zu einem felsigen Aussichtspunkt beim **Hohfelsen** 08 hoch. Nach weiteren Kehren, die sich zum Teil abkürzen lassen, steigen wir auf einem schmalen, teils felsigen Steig zum **Belchenhaus** 09 hinauf.

Über den markierten Belchen-Rundweg gelangen wir gemütlich

Tiefblick zum Hohkelchsattel hinab.

ansteigend zum **Belchengipfel** 10 und zurück zum **Belchenhaus** 09. Wir folgen nun bei der Pos. Wiesentalblick der Westweg-Markierung nach links, ein schmaler, aussichtsreicher Hangpfad, der

Am Hohfelsen, einem tollen Aussichtspunkt beim Aufstieg.

uns zur Pos. Rapselfelsen bringt und dann weiter bergab zur **Pos. Hohkelchsattel** 11 führt. Es folgt eine zunächst sehr aussichtsreiche Passage, mit Blick rechts bis zum Rhein hinüber, dann geht es steil und in engen, wurzeligen Kehren durch den teils feuchten Wald bergab (mit kurzer Geländerstelle). Wir kommen an Felsen vorbei, rechts ist eine felsige Aussichtsstelle (Lünsmannplatz), dann folgt nochmals eine kurze Geländerpassage und wir steigen weiter ab zur Pos. Alte Grenzmauer.

Bei einer Lichtung erreichen wir die **Pos. Richtstatt** 12, bleiben auf dem breiten Forstweg, der uns gemächlich bergab leitet, vorbei an den Pos. Metzg und Spänplatz, bis zur **Dekan-Strohmeyer-Kapelle** 13, die links ein paar Meter erhöht neben dem Weg auftaucht.

Schon wenige Meter weiter ist vorne durch die Bäume der Haldenhof zu sehen. Wir stoßen auf die Parkplätze bei der Pos. Im Mond, halten uns rechts am Waldrand entlang und wandern zu ei-

Die Dekan-Strohmeyer-Kapelle.

ner Kuppe und einem Haus hoch. Ein paar Meter links abwärts und wir sind wieder am Ausgangspunkt beim **Haldenhof** 01.

WIEDENER ECK – BELCHEN • 1414 m

Nordanstieg über den Westweg

14,5 km | 4:45 h | 601 hm | 601 hm

START | Wiedener Eck, Oberwieden 15, Parkplätze, Bushaltestelle [GPS: UTM Zone 32 x: 415.250 m y: 5.299.660 m]
CHARAKTER | Forst-, Wald- und Wiesenwege, mal mehr oder weniger breit, teilweise auch steiler ansteigend. Der Schlussanstieg zum Belchen ist felsiger und kehrenreich. Auch im Abstieg teils steilere Passagen.

Vom Parkplatz am **Wiedener Eck** 01 wandern wir links hoch, folgen der Westwegmarkierung (rote Raute, Richtung Krinne). Wir unterqueren einen Skilift und die Kiesforststraße führt uns in den Wald. Dann verlassen wir den Forstweg und folgen mit der roten Raute einem schmalen Pfad, der links in den Wald hoch führt. Wir überqueren einen Forstweg, anschließend eine Lichtung und unterqueren erneut einen Skilift. Der Weg steigt moderat an, bringt uns zu einer breiten Forststraße, der wir nach rechts folgen. Es geht wieder leicht bergab und wir verlassen den breiten Weg nach links auf einem steinigen, schmalen Waldpfad, der zunächst leicht ansteigt, dann flach oberhalb des breiten Weges verläuft. Wir überqueren weitere Forstwege, bleiben auf dem schmalen Pfad Richtung

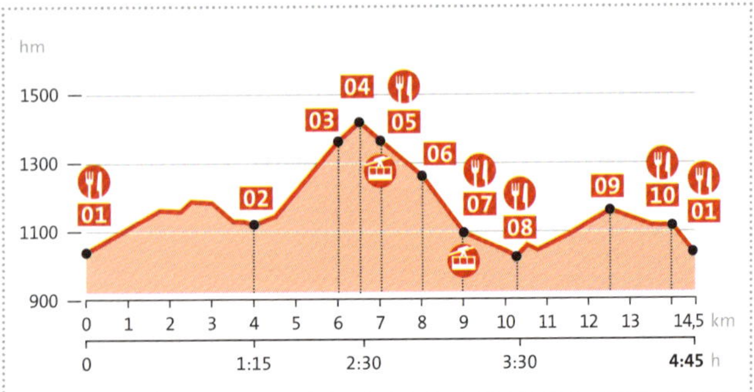

01 Wiedener Eck, 1035 m; 02 Pos. Krinne, 1117 m; 03 Aussichtspunkt, 1358 m; 04 Belchen, 1414 m; 05 Belchenhaus, 1360 m; 06 Belchenstraße, 1257 m; 07 Jägerstüble, 1092 m; 08 Multen, 1020 m; 09 Pos. Lückle, 1157 m; 10 Café Gut Lilienfein, 1112 m

Am Wiedener Eck.

Krinne. Nach einem Brunnen und einer freien Fläche geht es in einem großen Linksbogen stärker bergab zur **Pos. Krinne** 02. Wir folgen wieder dem Westweg-Schild nach rechts, ein paar Meter bergab, dann schwenken wir links hoch in den Wald.

Der Pfad steigt kontinuierlich an, wird wurzeliger und kehrenreicher, wir passieren ein Schild „Weg im Winter gesperrt, Vereisung, Lawinen, Lebensgefahr", stoßen auf eine schöne, felsige **Aussichtsstelle** 03 zum Feldberg hinüber und sehen bald das Gipfelkreuz des **Belchens** 04 vor uns. Über den Belchen-Rundweg wandern wir hinab zum **Belchenhaus** 05.

Beim Abstieg folgen wir dem Schild Talstation (blaue Raute) und steigen auf dem schottrigen Pfad unter der Bahn hindurch in vielen Kehren durch den Waldhang hinab, immer wieder die Gondelbahn unterquerend. Wir stoßen auf die **Belchenstraße** 06, überqueren sie und gelangen in einer weiten Rechtskehre zur Talstation hinab.

Vorbei am (4-Sterne-)**Jägerstüble** 07 gehen wir am Parkplatz vorbei hinab und am Waldrand entlang in den Wald. Bei der Pos. Abzweig Multen schwenken wir nach links, wandern hinab zum **Gasthof Belchen-Multen** 08, überqueren die Straße und biegen rechts ab auf einen Wiesenweg, der oberhalb der Straße verläuft. Vor einem Haus knicken wir 90 Grad nach links ab und wandern auf einem ansteigenden Pfad hoch. Oben folgen wir rechts einem breiten Kiesweg (gelbe Raute), neben einem kleinen Bach.

Bei einer Verzweigung halten wir uns rechts, folgen dem beschilderten Hintergrundbachweg, der uns durch ein schönes Tal führt, links Viehweiden, rechts Waldhang. Wir halten uns rechts, der Weg steigt leicht an und bringt uns zur **Pos. Lückle** 09 und zur Autostraße. Wir überqueren diese und folgen einem abwärts führenden wurzeligen Waldweg (gelbe Raute), der zur Pos. Holzplatz hinableitet. Rechts unten begleitet uns hörbar die Autostraße. Wir passieren ein Lifthäuschen, stoßen auf einen

Meist gut besucht ist das flache Gipfelplateau des Belchen.

breiten Kiesweg und folgen dann rechts dem Wiesenweg in Richtung Wald. Wir durchqueren ein Waldstück, passieren die Panoramagaststätte **Café Gut Lilienfein** 10 rechter Hand, schwenken ein paar Meter nach rechts hinab und folgen einem sehr aussichtsreichen Wiesenweg, der am Weidehang entlang verläuft und uns wenig später zum **Wiedener Eck** 01, unserem Ausgangspunkt, bringt.

STÜBENWASEN • 1386 m

Ski- und Wanderberg mit der längsten Panoramaliege der Welt

9 km | 3:00 h | 242 hm | 242 hm

START | Todtnauberg, Radschert, Wanderparkplatz [GPS: UTM Zone 32 x: 420.680 m y: 5.301.200 m]
CHARAKTER | Überwiegend breite Forst- und Wiesenwege, kurze Wiesenpfade.

Der waldfreie Stübenwasen gehört zu den höchsten Schwarzwaldgipfeln und seine Hochflächen sind im Sommer ein beliebtes Wander- und im Winter ein vielbesuchtes Skigebiet.

▶ Wir starten vom **Wanderparkplatz Radschert** 01, oberhalb von Todtnauberg, gehen am Infohäuschen vorbei und folgen der blauen Raute auf einem leicht ansteigenden, breiten Weg in Richtung Jakobuskreuz. Mit herrlichem Alpenblick, vorbei an einer ausgefallenen Sitzgelegenheit, wandern wir durch das Wiesengelände hoch zur Pos. **Jakobuskreuz** 02. Etwas unterhalb können wir durch ein Fernrohr die Aussicht bis zum Mont Blanc genießen. Rechts zweigt der Heidegger-Rundweg ab, wir gehen geradeaus, an einem mächtigen Baum vorbei, und folgen dem Waldrand leicht ansteigend. Der stets leicht bergauf führende breite Kiesweg verläuft in Kehren durch ein Waldstück,

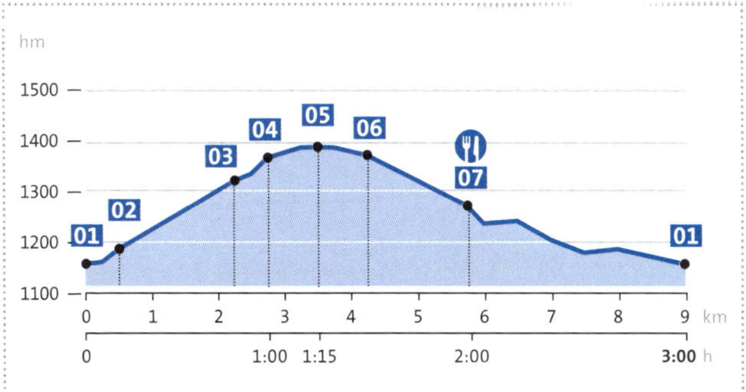

01 Radschert, 1156 m; 02 Jakobuskreuz, 1185 m; 03 Unterstandshütte, 1320 m; 04 Panoramaliege, 1365 m; 05 Stübenwasen, 1386 m; 06 Kreuz, 1370 m; 07 Ghs. Stübenwasen, 1270 m

Die 44 m lange Baumliege mit Panoramablick.

das immer wieder Ausblicke nach rechts zulässt.

Am Waldende erreichen wir die **Kegelrieshütte** 03 und treten in freies Wiesengelände. Der Forstweg macht eine Rechtskehre, wir bleiben aber geradeaus, folgen dem ansteigenden Wiesenpfad, der uns direkt hoch zur längsten **Baumliege** 04 der Welt führt. Grandiose Fernsicht über Todtnauberg hinweg bis in die Alpen.

Wenige Meter oberhalb stoßen wir vor dem Stübenwasenkreuz auf einen Kiesweg. Nach rechts wandern wir ein paar Meter über den kahlen Bergrücken zum höchsten Punkt bei der Pos. **Stübenwasen** 05. Wieder zurück und am vergoldeten **Kreuz** 06 geradeaus, folgen wir dem herrlichen Höhenweg zunächst eben, dann leicht fallend zum Waldrand und weiter hinab zum **Gasthaus Stübenwasen** 07.

Auf dem Weg zum Gasthaus Stübenwasen.

Wir überqueren den breiten Kiesweg und marschieren auf dem mit roter Raute markierten Weg am Waldrand entlang leicht bergab, links flankiert uns eine eingezäunte Wiese.

Am Waldrand schwenken wir links (rote Raute), stoßen auf die breite Kiesstraße, die wir abgekürzt haben, und folgen ihr nach rechts. Nach ein paar Metern macht der Kiesfahrweg eine scharfe Linkskurve, bei der Pos. Langenmoos, und hier verlassen wir den Fahrweg nach rechts, gehen auf dem breiten Forstweg geradeaus (rote Raute). Bei einer nicht markierten Abzweigung nach links biegen wir ab und wandern auf dem ebenfalls breiten Weg leicht bergab. Wenig später, bei einer scharfen Rechtskehre, tauchen Holzschilder links am Baum auf, die uns die Richtung Todtnauberg/Radschert anzeigen.

In einer S-Kurve geht es bergab, es wird lichter und mehrere Bächlein unterqueren unseren Weg. Der Weg verzweigt sich, wir halten uns links und folgen den Markierungen. Links und rechts begleiten uns schmale Bächlein, auf der rechten Seite vertieft sich der Waldhang zu einer Art Tobel. Nach einer Linkskehre lichtet sich der Wald und öffnet uns den Blick nach rechts in ein schönes Wiesental.

Unterhalb des Waldrandes traversieren wir am Hang entlang und wandern in einem großen Rechtsbogen auf das sichtbare Sträßchen am Gegenhang zu. Dem vom Gasthaus Stübenwasen herabführenden Asphaltsträßchen folgen wir dann am Waldrand entlang nach rechts und wandern fast eben zurück zum **Wanderparkplatz Radschert** 01, den wir bald vor uns liegen sehen.

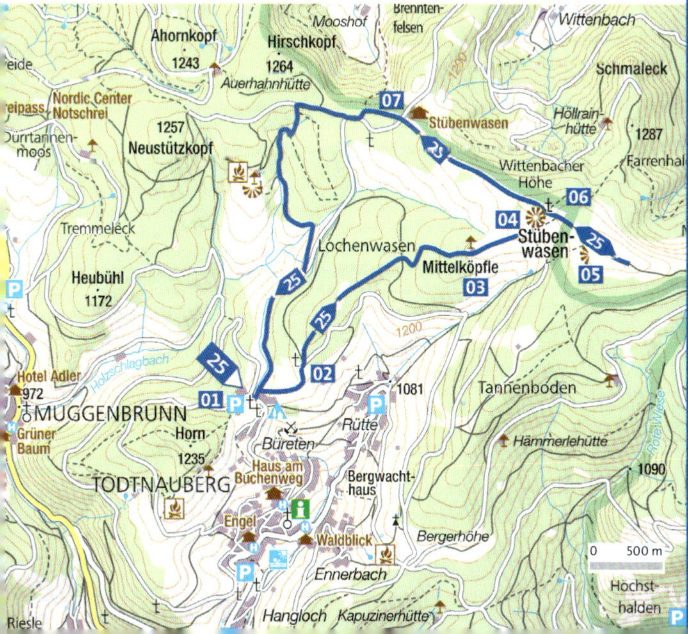

HEIDEGGER-RUNDWEG

Auf den Spuren des großen Philosophen

6,5 km | 2:00 h | 124 hm | 124 hm

START | Todtnauberg, Radschert, Wanderparkplatz [GPS: UTM Zone 32 x: 420.680 m y: 5.301.200 m]
CHARAKTER | Breite Forst- und Wanderwege, nur der kurze Abstieg zur Kapelle ist etwas grasig und wurzelig.

Vom **Wanderparkplatz Radschert** 01 folgen wir dem breiten Weg zum **Jakobuskreuz** 02. Ein paar Meter weiter treffen wir auf eine Infotafel, die uns die Biographie Martin Heideggers und seine Beziehung zu Todtnauberg erläutert. Wir schwenken nach rechts, folgen dem breiten gekiesten Forstweg durch den pflanzen- und gebüschreichen niederen Wald zur nächsten Infotafel „Heideggers Hütte". Wir bleiben auf dem breiten Weg, der nun sanft ansteigt und in einem großen Rechtsbogen, mit fantastischer Aussicht rechts ins Tal nach Todtnauberg und Rütte hinab, am Waldrand entlang verläuft.

Vorbei an einem überdimensionalen **Hochstuhl** 03, der sich als wunderbarer Aussichtsplatz erweist, traversieren wir weiter am rechts offenen Hang entlang zu einer Lichtung und einer Rechtskurve. Hier fällt der Weg etwas ab, wir ignorieren rechts einen steiler abwärtsführenden Weg und wandern geradeaus auf dem flachen,

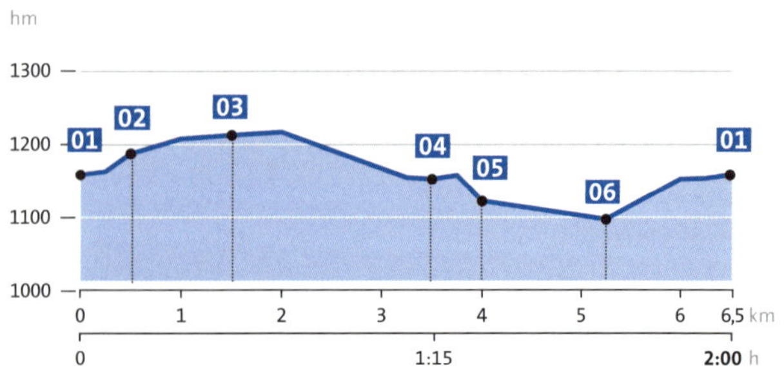

01 Radschert, 1156 m; 02 Jakobuskreuz, 1185 m; 03 Hochstuhl, 1210 m; 04 Fatimakapelle, 1150 m; 05 Berger Höhe, 1120 m; 06 Rütte, Stübenwasenlift, 1095 m

Infotafel am Heidegger-Rundweg.

breiten Forstweg in den Wald. Es folgen weitere Lichtungen, wir unterqueren einen Skilift und treten wieder in den Wald ein.

Die nächste Heideggertafel informiert uns über die illustren Gäste, die der große Philosoph hier oben empfangen hat, und gibt uns Anregungen, wie man sich am besten dem monumentalen Werk Heideggers (auf 102 Bände ist die Gesamtausgabe geplant!) nähert. Wenig später weist ein Schild „Kapelle“ nach rechts, der Heidegger-Rundweg verlässt den breiten Kiesweg und zweigt in einen Grasweg ab. Der wurzelige Weg durch niederen Wald endet kurz darauf bei der aussichtsreich am Waldrand gelegenen **Fatima-Kapelle** 04.

Über einen schmalen Pfad geht es hinter der Kapelle, an einer Bank vorbei, wieder zum Kiesweg hoch, wir verlassen den Wald und gelangen leicht abwärts gehend nach einem Rechtsschwenk zu einer Kreuzung am Waldrand und zur Pos. **Berger Höhe** 05. Scharf rechts, vorbei an einer Picknickstelle mit Tischen und Bänken, folgen wir der Beschilderung Richtung Radschert. Wir wandern unterhalb der Kapelle, die rechts oben wieder sichtbar wird, am Hang entlang, vorbei an der asphaltierten Abzweigung links hinab ins Dorf Rütte. Nach einer leichten Linkskehre überqueren wir einen kleinen Bach und erreichen die ersten Häuser von Rütte und einen großen Parkplatz.

Am **Stübenwasenlift** 06 vorbei schwenken wir links in den Martin-Heidegger-Weg und folgen dem asphaltierten Weglein ein paar Meter, biegen dann aber rechts ab auf den ebenfalls asphaltierten und nun deutlich ansteigenden Heidegger-Rundweg. Oberhalb eines Hofes verzweigt sich der Weg, wir halten uns links und marschieren mit grandioser Aussicht weiter hoch zur nächsten Heideggertafel, die uns über die familiären und nachbarlichen Beziehungen Heideggers zu den Bewohnern von Rütte aufklärt.

Der Aussichtshochstuhl am Heidegger-Rundweg.

Rechts oberhalb des Weges taucht ein schmuckes kleines Häuschen auf, hier endet der Asphalt und auf Kies geht es kurz etwas steiler werdend zur Jugendherberge hoch. Wir stoßen auf das Asphaltsträßchen, das von Todtnauberg heraufführt und sind nach wenigen Metern zurück am **Wanderparkplatz Radschert 01**.

ALPINER STEIG FELDBERG

Spannende Pfadfindertour und bequeme Aussichtswanderung

13 km | 4:15 h | 636 hm | 636 hm

START | Oberried, St. Wilhelmer Tal, Gasthaus zur Linde-Napf, Parkplatz
[GPS: UTM Zone 32 x: 423.100 m y: 5.304.360 m]
CHARAKTER | Die erste Hälfte ist ein „alpiner“ Pfad, kaum markiert, aber hat man den Einstieg gefunden, auch kaum zu verfehlen. Umgestürzte Bäume erschweren manchmal das Vorwärtskommen auf dem teils felsigen und etwas ausgesetzten Hangweg. Die zweite Hälfte verläuft über breite Wander- und Forstwege, nur zum Schluss geht es auf einem steinigen Pfad nochmals steiler bergab.

Eine der wohl abwechslungsreichsten Touren im Feldberggebiet: mit spannenden Abschnitten im „alpinen“ Bereich und herrlich aussichtsreichen Passagen in der zweiten „Wander“-Hälfte.

Vom **Gasthaus Zur Linde-Napf** 01 marschieren wir zum Waldrand hoch, dort endet der Asphalt und auf dem Napfweg geht es auf Kies in den lichten Wald. Vor der Brücke, bei der Pos. Napf-Mat-

01 Ghs. Zur Linde-Napf, 825 m; 02 Hüttenwasen-Schutzhütte, 1188 m; 03 St.-Wilhelmer-Hüttenweg, 1325 m; 04 Stübenwasen, 1390 m; 05 längste Bank, 1365 m; 06 Ghs. Stübenwasen, 1265 m; 07 Paulusbrunnen, 1128 m

Steilstelle mit Seil am Alpinen Pfad.

te, biegen wir links auf einen steinigen Pfad ab und folgen der Markierung „Ibenfelsen, steil 0,6 km".

Auf einem Holzsteg überqueren wir einen kleinen Bach und steigen nun steiler und schottriger durch den Wald berghoch. Wir halten uns links auf dem zunehmend steiler und schmäler werdenden, teils felsigen Weg, überschreiten einen kreuzenden, breiten Forstweg und wandern schräg diagonal am Waldhang hoch (gelbe Raute). Der vorübergehend wieder breitere Weg verengt sich erneut, nach ein paar steilen Metern geht es über einen Bachlauf und es wird wurzeliger. Wir traversieren weiter schräg hoch und stoßen bei der Pos. Unterm Ibenfelsen auf eine querende Forstfahrstraße.

Wir überqueren den Forstweg, halten uns links und folgen dem schmalen, ansteigenden Pfad in den Wald hoch. Es wird kehrenreich und an manchen Stellen auch abschüssig. Nach einer scharfen Rechtskehre passieren wir ein Holzschild „Feldberg", der Wald wird lichter, und nach einer Linkskurve bauen sich die ersten Felsen auf. Vor den Felsen queren wir in einer Linkskehre den Hang hinauf, bis zur Pos. Hüttenwasen **Schutzhütte** 02. Geradeaus ist die St.-Wilhelmer-Hütte ausgeschildert.

Kurz vor dieser Verzweigung – in Sichtweite der Hütte – zweigt rechts ein nicht markierter Weg

Gasthaus zur Linde-Napf.

Nach dem Alpinpfad folgt eine aussichtsreiche Wanderetappe.

ab, der relativ flach am Hang entlang durch den Wald führt.

Nach einem Warnschild verläuft der schmale Pfad recht ausgesetzt am abschüssigen Waldhang und bald folgt die erste steile Felsstufe. Wir passieren links eine Felswand, überwinden eine weitere felsige Steilstufe, traversieren aber überwiegend auf schmalem Steig am steil abfallenden Waldhang entlang. Nach einer felsigen Aussichtsstelle rechts wird der Wald sehr viel lichter, tote Bäume säumen den Weg und der Pfad wird deutlich grasiger, ist streckenweise ziemlich verwachsen und mehrfach müssen im Weg liegende Baumstämme überklettert werden.
Bei einer weiteren Steilstelle hilft uns ein Seil über die Felsstufe hinab. Von links schieben sich wie-

Warnschild am Anfang und Ende des teils sehr verwachsenen Steigs.

der Felsen an den Weg heran, wir überqueren einen Bachlauf, machen eine deutliche Rechtskehre und befinden uns auf einem recht feuchten und zugewachsenen Abschnitt. Hier fallen auch die kahlen, in den Himmel ragenden Baumstämme auf. Es folgt nochmals eine steilere Stelle abwärts, die sehr verwachsen, feucht und rutschig ist, und wir stoßen wieder auf das gleiche Warnschild wie am Anfang des Steigs.

Ein Holzschild zeigt uns dann den Weg zur St.-Wilhelmer-Hütte. Wir treten nach einer Linkskurve auf eine freie Lichtung und marschieren geradeaus auf einem sumpfigen Wiesenpfad zum Wald, treffen auf einen querenden Pfad, dem wir rechts zu einer weiteren Lichtung folgen. In einer Linkskehre wandern wir über die Wiesen hoch, vor uns am Horizont taucht der Feldberggipfel auf. Bei der Pos. **St.-Wilhelmer-Hüttenweg** 03 erreichen wir die Kiesstraße, biegen rechts ab und folgen der roten Raute via Gasthaus Stübenwasen.

Der breite Kiesweg führt – mit herrlichem Feldbergblick – in leichtem Auf und Ab, streckenweise durch Wald, dann stärker ansteigend zum **Stübenwasen** 04 hoch. Vorbei an der **Panoramaliege** 05 und Stübenwasenkreuz wandern wir über die Hochebene gemütlich hinab zum **Gasthaus Stübenwasen** 06. Rechtshaltend, mit Blick zum Feldberg hinüber, folgen wir dem Schild Richtung St. Wilhelm, Napf, leicht abwärts in den lichten Wald. Nach einer deutlichen Rechtskehre lichtet sich der Wald stärker und weiter bergab gehend stoßen wir bei der Pos. Oberwittenbach-**Paulusbrunnen** 07 auf den kreuzenden Jungwaldweg.

Ein paar Meter links, dann biegen wir bei der **Pos. Oberwittenbach** rechts auf einen schmalen Waldpfad ab (gelbe Raute). Mehr oder weniger steil gelangen wir unten an den Waldrand, erreichen Wiesengelände und traversieren oberhalb eines Hofes am Hang entlang. Abwärts gehend, mit steileren Passagen, treffen wir unten auf die Autostraße, schwenken nach rechts und sind 200 m später zurück beim **Gasthaus Zur Linde-Napf** 01.

FELDBERG • 1493 m

Auf dem Feldbergsteig über den höchsten Schwarzwaldberg und zum Feldsee

16,75 km | 5:15 h | 584 hm | 584 hm

START | Parkplatz Grafenmatt, Passhöhe, an der B317 [GPS: UTM Zone 32 x: 427.850 m y: 5.301.300 m]
CHARAKTER | Breite Wanderwege, die immer wieder durch schmalere und teils steinige Pfade unterbrochen werden: im Abstieg zur Zastler Hütte, im Sägebachschlagsteig zur Reimartihütte sowie im Aufstieg vom Feldsee.

Der „Höchste“, wie der Feldberggipfel auch oft genannt wird, ist ein touristisch außergewöhnlich stark erschlossenes Ausflugsziel. An den Fuß des Feldbergs gelangt man per Pkw und Bus, zum Seebuck über eine Kabinenseilbahn und der Feldberggipfel ist durch eine befestigte Zufahrtsstraße für Radfahrer erreichbar. Darüber hinaus reiht sich eine ganze Reihe bewirtschafteter Hütten rund um das Gipfelmassiv.

Vom **Parkplatz Grafenmatt** 01 an der Passhöhe überqueren wir die Straße, gehen rechts unter der Skiüberführung hindurch und

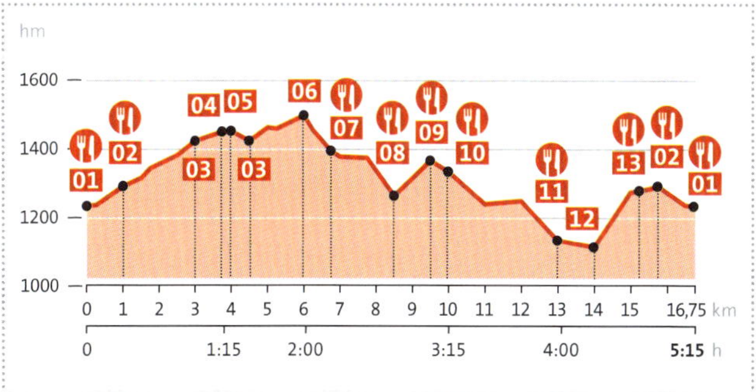

01 Parkplatz Grafenmatt, Passhöhe, 1230 m; 02 Haus der Natur, 1288 m; 03 Grüblesattel, 1419 m; 04 Bismarckdenkmal, 1446 m; 05 Feldbergturm, 1448 m; 06 Feldberg, 1493 m; 07 St. Wilhelmer Hütte, 1390 m; 08 Zastler Hütte, 1260 m; 09 Naturfreundehaus, 1362 m; 10 Baldenweger Hütte, 1330 m; 11 Reimartihof, 1130 m; 12 Feldsee, 1110 m; 13 Seebuckhütte, 1275 m

Bismarckdenkmal auf dem Seebuck.

steigen auf einem Asphaltsträßchen an. Vorbei an der Feldbergkirche und der Einfahrt zur Parkgarage gelangen wir zum **Haus der Natur** 02 und wandern links hoch zum Beginn des Feldbergsteigs, einem riesigen Steintor mit Infotafeln. Auf dem asphaltierten

Bohlensteg auf dem Feldbergsteig hinab zur Zastler Hütte.

Franz-Klarmeyer-Weg steigen wir gemächlich über den freien Wiesenhang an, verlassen es kurz geradeaus über einen gekiesten Abkürzungsweg, und folgen dem Sträßchen in Kehren hoch zum **Grüblesattel** 03.

Wir schwenken rechts, wandern zum **Bismarckdenkmal** 04 hinauf und hinüber zum nahen **Feldbergturm** 05, ein wunderbarer Aussichtsturm, der seit 2013 ein vielbesuchtes Schinkenmuseum beherbergt. Wieder zurück beim **Grüblesattel** 03, halten wir uns an den rechten, gekiesten Weg, der über den Grasbuckel hochzieht, das kreuzende Asphaltsträßchen zunächst überquert und kurz vor dem Fernsehturm und dem Aussichtsrondell in dieses einmündet. Vom **Feldberggipfel** 06 folgen wir der Markierung „Feldbergsteig" in Richtung Reimartihof. Ein steiniger Pfad führt steiler bergab, vorbei an der Pos. Oberhalb Todtnauer Hütte, und bringt uns an einem Weidezaun entlang hinab zur **St.-Wilhelmer-Hütte** 07.

Unterhalb der Hütte schwenken wir nach rechts, zunächst flach, dann verlassen wir den breiten Weg und steigen auf einem schmäleren Pfad am Hang entlang an. Wir erreichen den Wald, Pos. Oberhalb Zastler Hütte, ignorieren rechts eine Abzweigung hoch zum Feldberg, und gehen auf dem felsiger werdenden Steig durch lichten Wald geradeaus weiter. Wir überqueren einen Bach bei einem kleinen Wasserfall, der schmale Pfad führt nun bergab und verläuft zuletzt auf einem Bohlensteg, der über feuchtes Gelände leitet, zur **Zastler Hütte** 08.

Ein Kiesweg bringt uns leicht abwärts zu einer Verzweigung, Pos. Freiburger Hütte, wo wir rechts auf einem breiten geschotterten Weg in den Wald hoch ansteigen und zum **Naturfreundehaus** 09 gelangen. Auf dem breiten Asphaltweg ist kurz darauf die **Baldenweger Hütte** 10 erreicht.

Wir folgen dem Asphaltsträßchen noch ein Stück bergab, biegen in einer scharfen Kurve aber rechts ab auf einen schmalen Steig in Richtung Wald. Der wurzelige Pfad fällt nach einer markanten Rechtskehre ab, führt auf einem Steg über einen Bach und verläuft streckenweise wieder auf Holzbohlen über feuchte Waldstellen. Wir überqueren abwärtsgehend zwei weitere Brücken und sto-

Der Feldbergturm, der seit 2013 das Schwarzwälder Schinkenmuseum beherbergt.

ßen bei der Pos. Abzw. Sägebachschlagsteig auf einen breiten Kiesweg.

Wir schwenken nach rechts, folgen dem breiten Fahrweg, halten uns bei der nächsten Verzweigung wieder rechts, verlassen den breiten Weg und weichen rechts auf den schmäleren Pfad aus, der etwas stärker bergab führt. Unten ist der Reimartihof bereits zu sehen.

Am Waldrand entlang bergab erreichen wir die Forststraße und machen einen kurzen Abstecher nach links zum **Reimartihof** **11**. Über diese Forststraße gelangen wir links in wenigen Minuten leicht abwärts zum Feldsee. Wir halten uns links Richtung Wald, und wandern über eine kleine Brücke auf einem felsigen Pfad zunächst wieder aufwärts. In leichtem Auf und Ab geht es am Ufer entlang, vorbei an Infotafeln, zur **Pos. Feldsee** **12**. Auf einem stetig ansteigenden, felsigen Serpentinenweg geht es zum Waldrand hoch, dann wird der Weg flacher, wir erreichen kurz darauf die **Seebuckhütte** **13** und wandern am Haus der Natur vorbei auf dem Hinweg hinab zum Ausgangspunkt.

Zastler Hütte.

ZWEISEENBLICK – BÄRENTAL – FELDSEE

Aussichtswandern zwischen Feldberg und Bärental

16 km | 5:00 h | 569 hm | 569 hm

START | Feldbergpass, Parkplatz Caritashaus
[GPS: UTM Zone 32 x: 429.020 m y: 5.300.920 m]
CHARAKTER | Meist breite Wald- und Forstwege, kurze Passagen auf Nebensträßchen, vor dem Reimartihof Waldpfad und nach dem Feldsee wurzeliger Feldbergsteig.

▶ Vom Parkplatz beim **Caritashaus** 01 (Pos. Feldberg Klusenhang) folgen wir rechts der roten Raute via Zweiseenblick. Nach den Caritasgebäuden endet der Asphalt, ein breiter Fostweg führt ziemlich flach durch den Wald, mit schönen Ausblicken nach rechts ins Tal und zu den Schweizer Schneebergen am Horizont. Wir passieren bei einer weiteren schönen Aussichtsstelle eine Infotafel, die uns über die Vergletscherung des Feldbergs aufklärt, und der Weg fällt leicht ab. In einer Rechtskehre verlassen wir den Weg und biegen links ab zur **Hochkopfhütte**. Die rote Raute führt uns an der Hütte vorbei in den Wald, zunächst leicht ansteigend, dann verläuft der breite Kiesweg mal mehr oder weniger steil, immer wieder an Aussichtsstellen vorbei, in einer weiten Rechtskehre durch den Wald. Zwischendurch verengt sich der Weg und der Belag ändert sich,

01 Feldbergpass, Caritasheim, 1225 m; 02 Zweiseenblick, 1292 m; 03 Skihütte SC Bärental, 1085 m; 04 Hotel Diana, 1011 m; 05 Bahnhof Bärental, 967 m; 06 Kunzenmoos, 920 m; 07 ehem. Zipfelmühle, 976 m; 08 Reimartihof, 1125 m; 09 Feldsee, 1110 m; 10 Seebuckhütte, 1280 m

Zweiseenblick, links der Titisee, rechts der Schluchsee.

roter Sand zunächst, dann wird es felsiger und feuchter (Holzbohlen). Nach Überqueren eines Bachlaufs erreichen wir auf einem Wurzelpfad die Pos. **Zweiseenblick** 02 und die 30 m entfernte Aussichtsstelle: eine fantastische Aussicht, ganz rechts ist der Schluchsee, geradeaus der Titisee zu sehen.

Auf einem Sandweg folgen wir leicht abwärts dem Schild Bärental, treffen auf eine kreuzende Forststraße und schwenken nach rechts. Mit der roten Raute geht es bei der Pos. Hirschbäder nach links, weiter bergab, wir bleiben geradeaus, vorbei an der Pos. Happ. Dann verlassen wir den Wald und

erreichen beim Vereinshaus des **SC Bärental** 03 ein Asphaltsträßchen. Zunächst auf Asphalt, dann auf Kies wandern wir in einer großen Linkskehre bergab zur Pos. Bärental **Hotel Diana** 04. Wir schwenken nach rechts und kommen auf einem Wiesenweg oberhalb der Straße (Walter-Wuchner-Steig) zur Pos. Bärental Haus Sieber. Links durch die Straßenunterführung gelangen wir zu einem Teich, umrunden ihn in einer Rechtskehre und machen einen kurzen Abstecher zum **Bahnhof Bärental** 05.

Zurück am Teich, schwenken wir dann nach rechts via Kunzen-

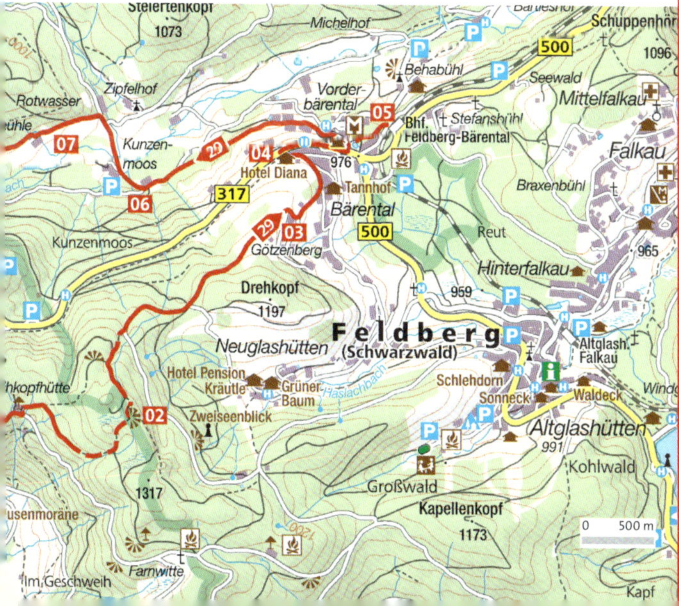

Der Feldsee ist teils von hohen Felswänden umgeben.

moos, Reimartihof. Wir überqueren die Autostraße und folgen abwärts dem Gehweg, bis wir bei der nächsten Rechtskehre das Sträßchen nach links verlassen und in den Feldseeweg einbiegen. Der teils asphaltierte Weg führt abwärts und bringt uns zur Pos. **Parkplatz Kunzenmoos** 06, wo sich Fahrweg und Wanderweg zum Reimartihof verzweigen.

Wir halten uns rechts, folgen dem asphaltierten Sträßchen zur Pos. Zipfelsäge und biegen rund 100 m später scharf links auf einen zunächst ansteigenden Kiesweg in Richtung Reimartihof ab.

Vorbei an der **ehem. Zipfelmühle** 07 und am Waldrand entlang geht es moderat aufwärts, nach einer Rechtskehre halten wir uns links und folgen nach einer Freifläche auf einem schmäleren Waldpfad den Steinmännchen. Es steigt stärker an, wir kreuzen einen Forstweg und gehen weiter geradeaus durch den Wald. Am Waldende ist vor uns schon der **Reimartihof** 08 zu erkennen, den wir nach wenigen Schritten erreichen, links oben rückt das Denkmal auf dem Seebuck in den Blick.

Auf dem breiten, gekiesten Fahrweg, vorbei am Oskar-Andres-Denkmal, wandern wir zum **Feldsee** 09 hinab, halten uns rechts und umrunden den See auf einem schönen Fußpfad.

Leicht ansteigend stoßen wir bei der Pos. Feldsee auf die rote Raute und das Feldbergsteig-Schild, das uns nach rechts weist. Über den kehrenreichen, felsig-wurzeligen Steig gelangen wir zur **Seebuckhütte** 10, wo wir scharf links dem Ernst-Maurer-Weg folgen. Zunächst in einer Rechtskehre am Waldrand entlang, beginnt der Weg bei einem Warnschild „Achtung Gefälle" spürbar abzufallen – was sich in den Gesichtern der heraufstrampelnden MTBler ablesen lässt. Schon flacher stoßen wir auf die Pos. Ernst-Maurer-Weg, halten uns rechts und leicht ansteigend wandern wir hoch zur Passstraße und zum Ausgangspunkt beim **Caritashaus** 01.

FELDBERGPASS – TODTNAUBERG

Auf dem „Wasserfallsteig" zu den Fahler und Todtnauer Wasserfällen

12,5 km | 4:00 h | 385 hm | 615 hm

START | Parkplatz Grafenmatt, Passhöhe, an der B317 [GPS: UTM Zone 32 x: 427.850 m y: 5.301.300 m]
CHARAKTER | Teilweise schmale, steinige und felsige Pfade und Steige entlang Wasserläufen, dazwischen schöne Wald- und Wiesenwege, steilere Anstiege bei den Wasserfällen.

Der Wasserfallsteig gehört als Premiumwanderweg zu den Schwarzwälder Genießerpfaden und ist durch eine hervorragende Busanbindung auch als Streckentour eine familienfreundliche Tageswanderung.

▶ Vom **Parkplatz Grafenmatt** 01 gehen wir an der Straße entlang zur Pos. Hebelhof und zum markierten **Einstieg** 02 des Wasserfallsteigs. Über einen schmalen, steinigen Pfad geht es bergab, vorbei an der Wiesequelle, und wir stoßen auf einen breiten Forstweg, dem wir wenige Meter nach links folgen, dann biegen wir bei der Pos. Hebelweg rechts ab. Ein schmaler, grüner Pfad führt kehrenreich durch niederen Wald bergab, der Weg schlängelt sich zu einer Schlucht, die von einem Bächlein durchflossen wird. An Tafeln mit klugen

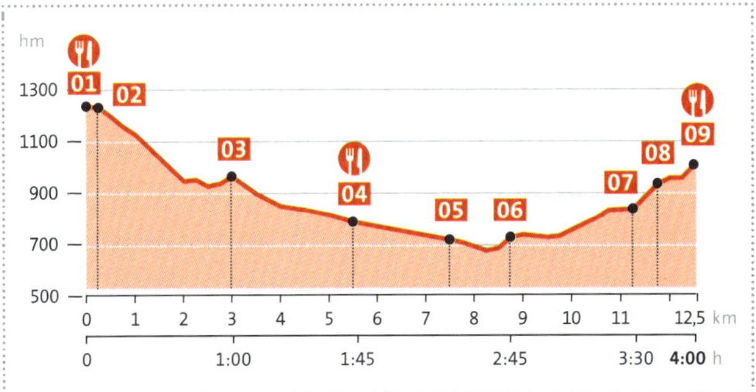

01 Parkplatz Grafenmatt, Passhöhe, 1230 m; 02 Einstieg, 1225 m; 03 Fahler Wasserfall, 958 m; 04 Brandenberg, 780 m; 05 Hütte, Kletterfelsen, 710 m; 06 Kriegerdenkmal, 720 m; 07 Beginn Wasserfall, 830 m; 08 Wasserfall obere Brücke, 928 m; 09 Todtnauberg, Ghs. Engel, 1000 m

Im oberen Teil des Fahler Wasserfalls.

Sprüchen entlang geht es in engen Serpentinen, teils steiler, über Felsstufen abwärts, bis es unten bei einer Wiese zunächst flacher wird, dann fällt der Wiesenweg aber nochmals stärker ab zu einem Skihäuschen. Vor dem Häuschen rechts in den Wald und auf schmalem Pfad am Bächlein entlang. Über eine Brücke stoßen wir auf Beschneiungsanlagen und folgen wieder rechtshaltend dem Wald-

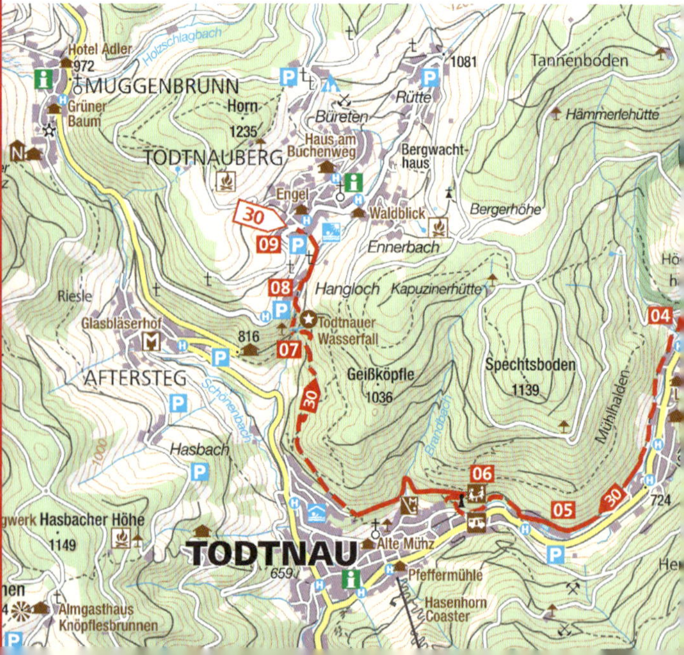

pfad bergab. In Spitzkehren geht es am Waldhang hinab zum Bach, den wir mehrfach überqueren. Teils geht es steil über Stufen bergab, weiter am Bachlauf entlang, den wir immer wieder auf Stegen überqueren. Wir stoßen in einer Kurve auf die Autostraße, links ist ein kleiner Picknickplatz, und an einem großen Stein ist eine Johann-Peter-Hebel-Plakette angebracht.

Wir überqueren die Straße und wandern über den Parkplatz der Schwarzwaldkasernen zu einem schmalen Waldpfad, der nach links gut markiert in den Wald hoch ansteigt. Unterhalb der Straße, am Kasernenzaun entlang, treten wir wieder in den Wald, dann fällt der Weg ab, wir überqueren eine Lichtung und rechts – wieder im Wald – tauchen die ersten kleinen Wasserfälle auf. Bei der Verzweigung **Fahler Wasserfall 03** steigen wir rechts in engen Kehren hoch und über mehrere Stufen und Brücken am Wasserfall entlang. Beim letzten Brücklein folgen wir links dem Schild Wasserfall-Rundweg und wandern gemächlich am Waldhang entlang bergab, bis wir wieder auf den Wasserfallsteig-Weg treffen.

Vor der Bundesstraße bleiben wir rechts und folgen dem Wirtschaftsweg über Wiesengelände und am Waldrand entlang zu den Häusern von **Brandenberg 04**. Weiter am Waldrand entlang bringt uns der aussichtsreiche, schmale Pfad zu einem breiteren Weg und in offeneres Gelände. Felsen tauchen am Wegesrand auf, wir passieren das geschlossene Freibad und ein paar Meter spä-

Aussichtsstelle am Todtnauer Wasserfall.

ter die **Kletterfelsen** (mit Hütte) 05 rechts oberhalb des Weges.

Bei einer Verzweigung halten wir uns links, es geht, teils über Stufen, steiler hinab in die dunkle **Wolfsschlucht** und auf geländergesichertem Weg am Bach entlang. Wir stoßen auf ein Asphaltsträßchen, schwenken rechts und steigen bei der Pos. Todtnau-Forsthaus über Steinstufen rechts hoch zum **Kriegerdenkmal** 06.

Vom Denkmal folgen wir dem breiten Forstweg leicht ansteigend durch den Wald hoch, mit herrlichen Blick links hinüber zur Coasterbahn und hinab nach Todtnau.

In der Wolfsschlucht.

Ab dem Waldkindergarten verbreitert sich der Weg zunächst, er steigt stärker an, verengt sich aber nach einem Aussichtspunkt zu einem schmalen, etwas steinigen Pfad, der stetig am Waldhang entlang ansteigt. Es wird lichter und die ersten Ausblicke zu den Todtnauer Wasserfällen sind möglich.

Nach einer Linkskehre gelangen wir an den Fuß der **Wasserfälle** 07, gehen über eine Brücke und beginnen mit dem steilen, kehrenreichen Aufstieg am Wasserfall entlang. Vorbei an einer überdachten Unterstandshütte und Aussichtsliegen gelangen wir zur **obersten Brücke** 08 und folgen dem leicht ansteigenden Kiesweg, der dann in Asphalt übergeht und uns zum Schwimmbad bringt. In einem kehrenreichen Kiesweglein geht es ordentlich steil hoch zur Autostraße, zum **Gasthaus Engel** und zur Bushaltestelle 09.

HERZOGENHORN • 1415 m

Panoramagipfel und Trainingsberg

11,5 km | 3:30 h | 499 hm | 499 hm

START | Feldbergpass, Parkplatz Grafenmatt
[GPS: UTM Zone 32 x: 427.450 m y: 5.300.770 m]
CHARAKTER | Überwiegend breite Wald- und Wanderwege, nur der kurze Abstieg nach der Finsterbühl-Unterstandshütte ist steil und steinig.

Am zweithöchsten Schwarzwaldgipfel dürfen Sie sich nicht wundern, wenn Sie immer wieder Sportlern begegnen, die hier ihre Laufrunden absolvieren, denn das Leistungszentrum Herzogenhorn ist ein beliebter Ort – besonders für Spitzensportler –, die sich hier auf bevorstehende Wettkämpfe vorbereiten.

▶ Vom **Parkplatz Grafenmatt** 01 beim Hebelhof folgen wir der (Westweg-)Markierung via Herzogenhorn auf Asphalt leicht bergab, halten uns bei der Verzweigung halbrechts und wandern auf einem Kiesweg, den Grafenmattweg abkürzend, leicht aufwärts bis kurz vor der **Emmendinger Hütte** 02. Wir halten uns rechts, kurz auf Asphalt, dann biegen wir links in einen schmalen Pfad ab, der steil über den Grashang hinauf zum Berggasthof Grafenmatt führt und in einen Kiesweg

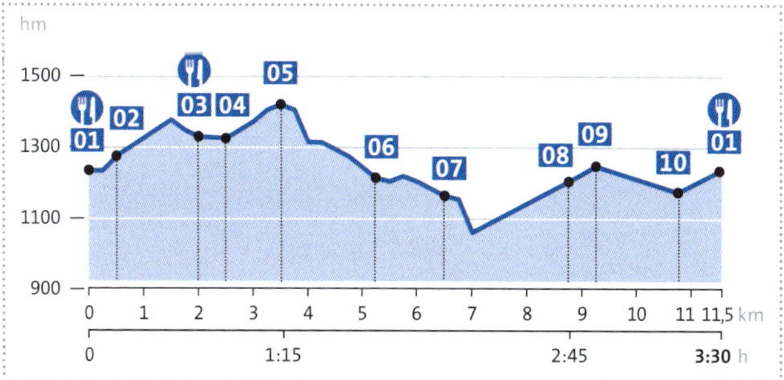

01 Feldbergpass, Parkplatz Grafenmatt, 1230 m; 02 Emmendinger Hütte, 1270 m; 03 Ghs. Herzogenhorn, 1325 m; 04 Pos. Glockenführe, 1320 m; 05 Herzogenhorn, 1415 m; 06 Pos. Kohlplatz, 1210 m; 07 Finsterbühlhütte, 1160 m; 08 Rabenfelsen, 1200 m; 09 Ruckenhütte, 1243 m; 10 Skilifthäuschen, 1170 m

mündet. An Liftanlagen vorbei wandern wir weiter aufwärts, streckenweise wird der Weg wurzeliger und aussichtsreicher, mit schönem Ausblick zum Feldberggipfel.

Wir überqueren einen Kiesweg und nach einer Kuppe fällt der Weg leicht ab, es geht durch Wiesengelände und vor uns taucht der kahle Herzogenhorngipfel auf. Kurz darauf mündet von links die Dr.-Fredy-Stober-Straße und ein paar Schritte später stehen wir vor dem Leistungszentrum und dem **Gasthaus Herzogenhorn** 03.

An den Gebäuden und dem Sportgelände vorbei marschieren wir auf der breiten Kiesfahrstraße direkt auf das Herzogenhorn zu. Wir passieren die **Pos. Glockenführe** 04 und links eine aussichtsreiche Bank mitten im Wiesenhang und steigen auf dem breiten Kiesweg in einer großen Linkskehre, zunächst am Waldrand entlang, weiter an. Bald hört der Wald auf und mit grandioser Aussicht geht es über den kahlen Bergrücken hoch zur Pos. Am Herzogenhorn und ein paar Meter weiter zum schlichten Holzgipfelkreuz beim Panoramastandort **Herzogenhorn** 05.

Zur letzten Verzweigung zurück und links ab Richtung Krunkelbachhütte. Der kehrenreiche Pfad schlängelt sich durch den Wiesenhang bergab und durch ein Weidegatter gelangen wir in einer weiten Linkskehre wieder in Wald. Pos. Oberes Hofmättle. Wir folgen dem breiten Kiesweg am Waldrand entlang leicht abwärts. Weiter durch den Wald bergab und nach einer scharfen Rechtskehre (Siegfried-Obermann-Gedächtniskurve steht am Baum) stoßen wir bei der **Pos. Kohlplatz** 06 auf eine Verzweigung. Nach links zum Waldrand und zu einer Lichtung

Blick vom Herzogenhorn mit aufkommender Schlechtwetterfront.

und bei der Pos. Rossrücken scharf links in den Finsterbühlweg (blaue Raute). Über eine Lichtung erreichen wir die Pos. Krunkenbachsattel und wandern rechtshaltend über Almwiesen leicht abwärts.

Kurz nach der **Unterstandshütte Finsterbühl** 07 halten wir uns links, der breite Forstweg fällt leicht ab und bringt uns nach einer markanten Rechtskehre zu einer lichten Wegschleife, wo geradeaus ein zunehmend steiler und steiniger werdender Pfad durch den Wald bergab führt, links sind kleine Wasserfälle zu sehen. Wir stoßen auf eine breite Kiesfahrstraße und folgen dem stetig leicht ansteigenden Forstweg in großen Kehren hinauf zum **Rabenfelsen** 08. Es wird flacher, wir passieren die Pos. Bei der **Ruckenhütte** 09, bleiben vor der Hütte rechts auf dem breiten Weg (gelbe Raute) und wandern hinab

Am Leistungszentrum Herzogenhorn.

zu einem **Skilifthäuschen** 10 bei der Pos. Bei der Menzenschwander Hütte. Links am Wald entlang, nochmals kurz hoch, dann in einer Rechtskehre unter dem Skilift hindurch den Hang hinauf und zurück zum Ausgangspunkt beim **Parkplatz Grafenmatt** 01.

Am Rabenfelsen.

MENZENSCHWANDER GEISSENPFAD

Auf Ziegenpfaden zum Menzenschwander Wasserfall

10,5 km | 3:30 h | 299 hm | 299 hm

START | Mösle-Parkplatz in Menzenschwand-Hinterdorf [GPS: UTM Zone 32 x: 430.120 m y: 5.298.150 m]
CHARAKTER | Breite Landwirtschaftswege und asphaltierte Nebensträßchen, schöne Wald- und Wiesenpfade, im Abstieg nach Hinterdorf etwas schmal und steiler; der Steig am Wasserfall ist mit Geländer und Treppen ausgestattet.

An der Infotafel zum Menzenschwander Geißenpfad, am **Mösle-Parkplatz** 01, wandern wir Richtung Wald und schwenken nach rechts zu einem **Skilifthäuschen** 02. Der Asphalt endet, und auf einem breiten Kiesweg, der sich unterhalb des Waldes durch die Wiesen schlängelt, gelangen wir zu einem kreuzenden Asphaltsträßchen, wo uns **Tafeln** 03 über den Schwarzberg und den Rabenfelsen informieren. Wir biegen links ab, das Sträßchen steigt gemächlich an, und müssen aufpassen, dass wir bei einer Bank die Markierung nicht übersehen, die uns links auf einen Wiesenpfad bringt, der ein Stück weit etwas oberhalb, parallel zur Straße, verläuft. Wir stoßen wieder auf das Teersträßchen, das hier in einen Kiesweg übergeht und halten uns rechts hinab (Menzo's

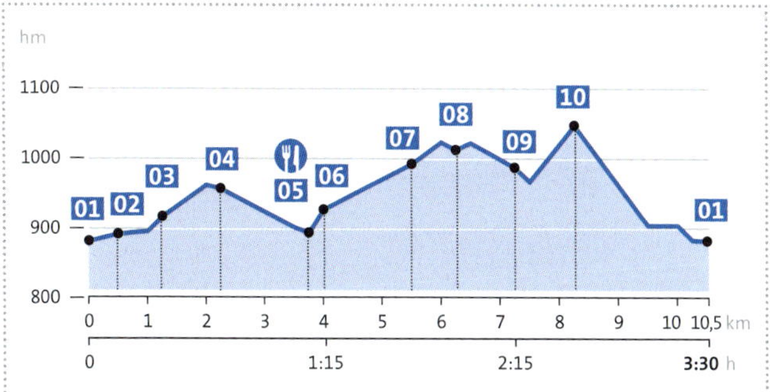

01 Mösle-Parkplatz Hinterdorf, 880 m; 02 Skilift, 890 m; 03 Infotafel, 915 m; 04 Radonquelle, 955 m; 05 Zum Kuckuck, 892 m; 06 Wasserfall, 925 m; 07 Klusenmoräne, 990 m; 08 Wälderschneck, 1010 m; 09 Flößer's Rast, 985 m; 10 Im Gschweih/alp. Pfad, 1045 m

Am Menzenschwander Wasserfall.

Wegle, Geißenpfad-Mark.). Im Wald überqueren wir einen Bach und passieren kurz darauf die **Radonquelle** 04 (Floriansquelle), mit Häuschen und Infotafeln.

Nach der Quelle verzweigt sich der Weg, wir bleiben links und wandern abwechselnd durch Wald und über lichtes Wiesengelände an etlichen Infotafeln und Aussichtsbänken vorbei am Hang entlang. Nach einem Schuppen und einer Infotafel zum Thema Bienenhonig gelangen wir zur Pos. Parkplatz Wasserfall und gehen ein paar Meter abwärts zum **Café Zum Kuckuck** 05. Hinter der Gaststätte vorbei, geht es wenig später links hoch zum **Wasserfall** 06. Über steile Steinstufen mit Geländersicherung steigen wir an glatten Felswänden entlang hoch, stoßen oberhalb der Wasserfälle auf ein Asphaltsträßchen, dem wir nach rechts folgen. Der Asphalt geht in Kies über, der Weg wird flacher, und vor einer alten Steinbrücke

Die passenden Weggefährten auf dem Geißenpfad.

schwenken wir nach links. Wir erreichen die Menzenschwander **Klusenmoräne** **07**, passieren einen Wassertümpel und wandern flach am Waldrand entlang.

Bei der Pos. Klusenwald orientieren wir uns nach rechts, verlassen den breiten Kiesweg und folgen einem Feldweg. Ein paar Meter später passieren wir ein Infoschild Köhlerei mit entsprechendem Aufbau, gehen an Baumstümpfen vorbei, wo man durch Aufklappen die Baumart bestimmen kann, und treffen auf die **Wälderschneck** **08**, eine kreisförmige Anordnung von Baumstümpfen. Wenig später überqueren wir einen Bach, machen eine Rechtskehre und kommen zu einer ehem. Verladerampe für Holzstämme. Wir folgen dem leicht abwärts führenden breiten Forstweg, vorbei an **Flößer's Rast** **09** und dem ausgeschilderten Titlisblick mit Sustenhorn, bis der Geißenpfad scharf links abknickt und dann in einer Rechtskehre zum Wald hoch ansteigt. Mit aussichtsreichem Blick nach links marschieren wir weiter ansteigend hoch, gelangen zur **Pos. Im Gschweih** und Achtung: Direkt danach zweigt scharf rechts ein schmaler **„Alpiner Pfad"** **10** (Geißenpfad-Schild) ab, der am Hang entlang abwärts führt. Der schmale Fußweg wird felsiger, und an Geißenherden vorbei gelangen wir hinab zu den Häusern und auf Asphalt. Am Hochzeit-Bänkle vorbei und über eine Brücke gelangen wir zur Pos. Hinterdorf Schwarzenbergweg, hier schwenken wir nach rechts und gehen auf dem Gehweg zurück zum **Mösle-Parkplatz** **01**.

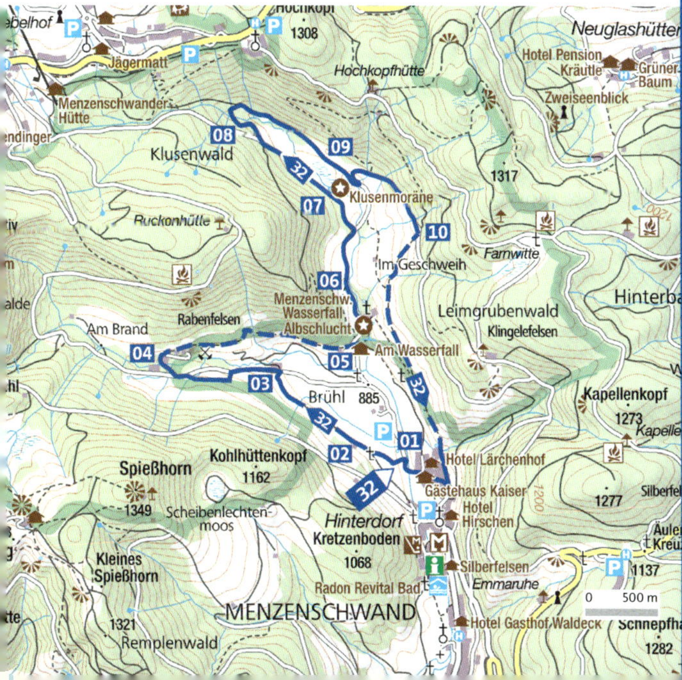

BERNAUER HOCHTALSTEIG

Unterwegs zu Schwarzwälder Logenaussichtsplätzen

16 km | 5:15 h | 654 hm | 654 hm

START | Wanderparkplatz Ankenbühl, Bernau-Kaiserhaus, an der Kaiserhausstraße
[GPS: UTM Zone 32 x: 430.440 m y: 5.293.980 m]
CHARAKTER | Wiesen-, Wald- und Forstwege, zwischendurch immer wieder schmälere, teils wurzelige und steinige Pfade mit steileren An- und Abstiegen.

Vom **Wanderparkplatz Ankenbühl** 01 gehen wir rechts, leicht abwärts, an Weidezäunen entlang, über einen Wiesenpfad zum Waldrand. Bei der **Pos. Holzmättle** 02 zweigen wir scharf links ab und steigen auf einem schmalen und wurzeligen Steig durch felsiges Gelände in den Wald hoch. Nach einer Rechtskehre tauchen die ersten Sitzmöbel auf, der Wald wird lichter, wir überqueren einen Forstweg und der schmale Waldpfad trifft auf einen Forstweg, dem wir links ansteigend folgen. Der Weg wird flacher, verengt sich wieder zu einem wurzeligen Pfad und verläuft, teils ausgesetzter, am Hang entlang. Nach einem Steilstück, und vorbei an zwei Aussichtsstühlen, erreichen wir eine Kuppe mit Sendemast und Bank. An der **Hohfelsen-Aussicht** 03 stoßen wir auf eine Infotafel zu Hans

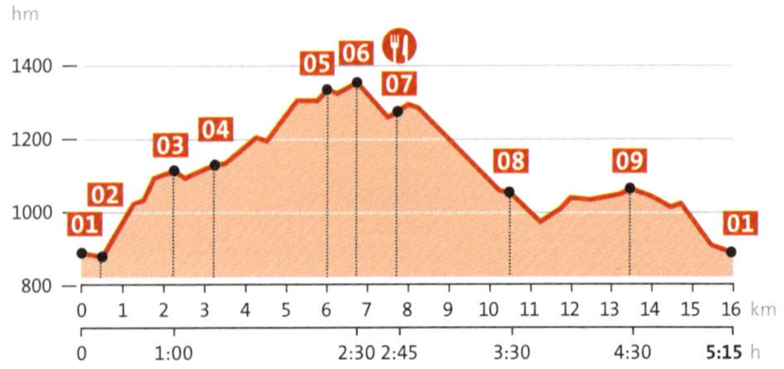

01 Parkplatz Ankenbühl, 885 m; 02 Holzmättle, 875 m; 03 Hohfelsen-Aussicht, 1110 m; 04 Neumannshütte, 1130 m; 05 Kleines Spießhorn, 1330 m; 06 Spießhorn, 1349 m; 07 Krunkelbachhütte, 1270 m; 08 Scheibenfelsen, 1050 m; 09 Am Kaiserberg, 1060 m

Aussichtspavillon am Spießhorn.

Thoma und seinem Tal. Links hat man einen Fernblick bis zum Dom in St. Blasien. Weiter auf dem Kiesweg ist wenige Meter später rechts ein Feldbergblick angeschrieben; wir erreichen freies Gelände und der Weg fällt leicht ab. An der Pos. Kaiserseck kreuzen wir einen Forstweg und bleiben auf dem leicht ansteigenden Pfad am Waldrand entlang. Bei einer Ruheliege verlassen wir den Waldrand, steigen links kurz an, durchqueren ein Waldstück und stoßen bei der Pos. Riggenbacher Eck auf ein schönes Holzkreuz und auf eine kreuzende Forststraße.

Wir gehen hoch zur **Neumannshütte** 04 und zu einer weiteren Aussichtsliege am Wald und biegen rechts ab in den Rappenstockweg (Hochtalsteig-Mark.). In leichtem Auf und Ab gelangen wir in Kehren zum Rappenstock, dann steigt der wurzeliger und steiniger werdende Pfad stärker an zur Pos. **Kleines Spießhorn** 05 und zu einem Holzausguck, der Ausblicke bis zum Belchen und bei schönem Wetter bis zum Mont Blanc bietet. Wir folgen weiter dem Schild Spießhorn und gelangen, zunächst leicht abwärts, dann ansteigend, zum Aussichtspavillon bei der Schutzhütte **Spießhorn** 06.

Wir verlassen den Aussichtsplatz auf einem wurzeligen Pfad, gehen steiler bergab zur Pos. Unterm Spießhorn, überqueren einen breiten Weg und betreten freies Almgelände. Auf schmalem Kiespfad traversieren wir am Hang entlang, gemächlich bergab, mit herrlichen Ausblicken nach rechts ins Tal. Der Weg verzweigt sich und wir steigen links am Hang hoch zur sichtbaren **Krunkelbachhütte** 07. Gegenüber ist schön der kahle Gipfelrücken des Herzogenhorns zu sehen. Hinter dem Gasthaus folgen wir in einer Linkskehre dem gekiesten Fahrweg, bis bei der Pos. Milchberg der Hochtalsteig scharf rechts abknickt und ein schmaler Pfad über die Wiesen zu einer grasigen Kuppe hochführt. Bei Aussichtsliegen zweigt der Weg wieder scharf links ab und der schmale Hangpfad leitet uns oberhalb vom **Bertholdbrunnen** in den Wald.

Panoramablick vom Hans-Thoma-Platz am Hohfelsen.

In Spitzkehren und längeren Traversen geht es durch bewaldetes und später freies Wiesengelände mehr oder weniger steil am Hang entlang bergab. Wir steigen ein paar Meter zu einer Kuppe hoch, machen links einen kurzen Abstecher zum **Scheibenfelsen** 08 (Steinkreuz, Aussichtsbank). In einer Linkskehre folgen wir dem felsigen Pfad (kurzes Geländerstück) bergab, biegen an der tiefsten Stelle scharf rechts ab (gelbe Raute) und steigen mit dem Hochtalsteig-Schild wieder leicht an, treffen auf ein hier endendes Asphaltsträßchen und folgen ihm nach links. Nach einer Rechtskehre traversieren wir am Hang entlang hoch, passieren eine Aussichtsliege und gelangen nach etlichen Kehren zur **Pos. Kaiserberg** 09.

Der Hochtalsteig verläuft weiter leicht abwärts, links oben ist die Hans-Thoma-Aussicht und der Sendemasten zu sehen, und wir drehen nach rechts, etwas stärker bergab. Oberhalb eines Tennisplatzes führt der wurzelige Pfad abwärts und nach einer scharfen Rechtskehre geht es über ein mit Holzspänen bedecktes Weglein stärker bergab und oberhalb der Autostraße links zurück zum **Parkplatz Ankenbühl** 01.

Kurz vor der Krunkelbachhütte.

Finsterbühl
1223
enhorn
Brühl
885
Spießhorn
Kohlhüttenkopf
1162
33
06
1349
Scheibenlechtenmoos
Roßrücken
1237
07
1293
Milchberg
Hotel Lärchenhof
Gästehaus Kaiser
Hotel Hirschen
Hinterdorf
Kretzenboden
1068
Kleines Spießhorn
05
1321
Silberfelsen
Emmaruhe
Radon Revital Bad
MENZENSCHWAND
Hotel Gasthof Wa
Kornrütte
1167
Remplenwald
Schweini
Lehnfelsenwald
Goldbach
Rabenstock
1224
962
Vorderdorf
Scheibenfelsen
04
08
Neumannshütte
Rohrwald
nsion Jägerhof
Borgblick
917
Löwen
Dorf
1103
Stockmättle-
Lunzismühle
Kaiserberg
03
Winter-Camping
09
1156
Hohfelsen
843
Bernau
im Schwarzwald
Innerlehen
Schwarzer Stock
Riggenbach
Hotel Rössle
Wald
Hans Thoma Mus.
Kaiserhaus
Tannengrund
02
Schwendele
Gaß
Altenrond
01
Ankenbühl
883
Lehen
Weierle
Breggers Schwanen
Hochtal SPA
Resenhof Museum
Unterlehen
Hans Thoma Geburtshaus
0
500 m
Sägemoos
893
Oberlehen
Gässelwald

RAVENNASCHLUCHT

Vom Höllental ins Hinterzartener Hochmoor

10,25 km | 3:15 h | 292 hm | 292 hm

START | Hinterzarten, Parkplatz am Bahnhof, Bahnhofweg [GPS: UTM Zone 32 x: 433.320 m y: 5.306.150 m]
CHARAKTER | Breite Wanderwege, asphaltierte Gehwege und Nebensträßchen, in der Ravennaschlucht teils steiler Steig über Treppen und Brücken, Holzsteg im Hochmoor.

Der Schwarzwald weist etliche Schluchten auf; die Ravennaschlucht, ein Seitenarm des Höllentals, ist eine der am leichtesten zugänglichen und durch die spektakuläre, 37 m hohe Ravennabrücke auch eine der bekanntesten.

Vom Bahnhof in **Hinterzarten** 01 gehen wir links in Richtung Ortsmitte, schwenken rechts in die Freiburger Straße, passieren Kurhaus und Tourist-Info und gehen bis zur Bahnunterführung. Wir bleiben links und folgen dem Schild Ravennaschlucht. Nach dem Rauchhüsli stoßen wir auf die Pos. Hinterzarten Zartener Weg, verlassen die Asphaltstraße und schwenken rechts in einen schmalen Fußpfad. An einer Hecke entlang und über Treppen steigen wir abwärts und halten uns vor der Eisenbahnunterführung links (Löffeltalweg). Der breite Kiesweg fällt leicht ab, links begleitet uns

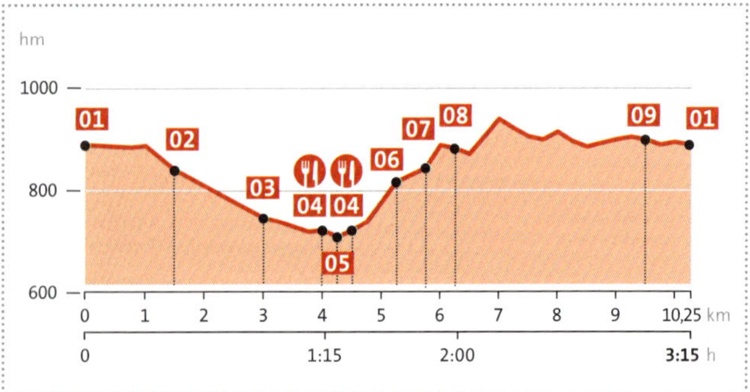

01 Hinterzarten, Bahnhof-Parkplatz, 885 m; 02 Löffelmühle, 836 m; 03 Hist. Seilerei, 742 m; 04 Hofgut Sternen, 718 m; 05 Oswaldkapelle, 705 m; 06 Wasserfall, 813 m; 07 Großjockenmühle, 840 m; 08 Haus Ketterer, 878 m; 09 Pos. Mooshof, 895 m

Das mächtige Eisenbahnviadukt in der Ravennaschlucht.

ein Bächlein, das wir bei Häusern überqueren.

Am Waldrand entlang passieren wir in dem enger werdenden Löffeltal zunächst die Klopfsäge bei der **Löffelmühle** 02, dann die Hochgangsäge und stoßen bei einer Kurve auf die Autostraße rechts unter uns. Wir treten aus dem Wald, steigen auf Asphalt scharf rechts hinab und durch einen Tunnel unterqueren wir die Straße. Rechts hinab bietet sich ein Abstecher zur nahen und sichtbaren **hist. Seilerei** 03 an.

Anschließend zurück und auf Asphalt, neben der Bundesstraße, leicht abwärts. Wir überqueren ein Zufahrtssträßchen, passieren einen großen Parkplatz und folgen dem Schild Ravennaschlucht. Rechts ist eine interessante alte

Schwarzwald-Idylle beim Hofgut Sternen.

Der lange Steg durchs Hinterzartener Moor.

Bogenbrücke über den Höllbach, mit gestaffelten Bogenteilen, zu sehen. Ein Fußpfad führt unter einer Brücke hindurch zu einem Busparkplatz und weiter, vorbei an einer rekonstruierten Telegrafenleitung, zum **Hofgut Sternen** **04**. Hier hatten schon Marie Antoinette und J. W. von Goethe übernachtet.

Am Goethehaus und am Alten Zollhaus vorbei gehen wir geradeaus und machen einen kurzen Abstecher zur **St.-Oswald-Kapelle** **05**. Zurück zum Goethehaus halten wir uns links und wandern zur imposanten **Ravennabrücke** hoch. Rechts auf einem Hügel ist der 2010 neu aufgestellte Pavillon auf dem Galgenbühl, eine ehem. Richtstätte, zu sehen. Wir unterqueren das Riesenviadukt und gehen leicht ansteigend in den Wald hoch, links begleitet uns der Ravennabach.

Der breite Weg verengt sich zu einem Kiespfad, der sich in Kehren durch den Wald hochzieht, rechts am steilen Hang tauchen mächtige Felsen auf. Wir überqueren mehrfach den Bach über Brücken, gehen an Holzgeländern entlang und steigen eine steile Leiter und über Treppen hoch. Vorbei an einem **Wasserfall** **06** wird es dann flacher, rechts oben ist die Straßenkurve zu sehen, wir überqueren nochmals eine Brücke und klettern eine weitere steile Treppe hoch. Linkshaltend stoßen wir auf die 1883 erbaute **Großjockenmühle** **07** und der Weg steigt nochmals zu einer Kuppe hoch an. Wir passieren den Standort der ehem. Löffelschmiede, verlassen bald darauf den Wald und erreichen auf Asphalt das **Haus Ketterer** **08**.

Um eine Kurve herum stoßen wir auf die Pos. Mittlere Ravenna und folgen rechts dem leicht ansteigenden Asphaltsträßchen Richtung Hinterzarten, bis links ein nicht asphaltierter Weg abzweigt (Hinterzarten „schöne Aussicht"). Leicht ansteigend wandern wir durch den Wald zur Bundesstraße hoch und folgen ihr auf dem Geh-/Radweg, bis uns die gelbe Raute links unter der Straße hindurch weist. Auf dem Martin-Gremminger-Weg gehen wir zunächst leicht abwärts, dann steigen wir an zur Pos. Rössleberg.

Auf Asphalt wieder bergab, an Klinikgebäuden vorbei, zur Pos. Auffangparkplatz, wo wir scharf links über den Parkplatz der Beschilderung Richtung Lafette folgen. Am Waldrand entlang, dann mehr im Wald, stoßen wir bei einem Grillplatz auf eine Verzweigung, schwenken nach rechts und marschieren über freies Wiesengelände. Links, jenseits der Bundesstraße, ist das Gasthaus Lafette zu sehen. Bei der nächsten Verzweigung, an der **Pos. Mooshof** 09, biegen wir rechts ab und durchwandern auf einem langen Steg eine wunderbare Moorlandschaft.

Am Waldende überqueren wir die Bahngleise und erreichen rechts nach wenigen Metern unseren Ausgangspunkt.

RUND UM DEN TITISEE

Schwarzwaldhöfe, Kapellen und Campingplätze

12 km | 3:45 h | 371 hm | 371 hm

START | Titisee, Bankenhof, beim Museum für Landtechnik [GPS: UTM Zone 32 x: 434.860 m y: 5.304.260 m]
CHARAKTER | Breite Ufer-, Wald- und Wanderwege, kurze Asphaltpassagen in Titisee-Ort.

Schöne Rundwanderung, die auch das Hinterland des Titisees miteinbezieht, und uns zu abseits liegenden Schwarzwaldhöfen führt.

▶ Am **Bankenhof** 01, wo das Museum für Landtechnik untergebracht ist, folgen wir dem Gehweg zum **Henslerhof** 02, biegen links ab und durchqueren auf einem flachen Kiesweg das offene Naturschutzgebiet Unteres Seebachtal. Vor einem Haus schwenken wir links und gehen auf einem schmalen Graspfad, der kurz ansteigt, Richtung Wald. Wir treffen auf einen breiten Forstweg, folgen ihm links, vorbei am Jugendzeltplatz und dem **Campingplatz Bankenhof** 03, an dessen Ende wir auf ein Asphaltsträßchen stoßen.

Wir passieren rechts den **Campingplatz Sandbank** 04 und nach einer Schranke hört der Asphalt auf. Ein breiter, gekiester Weg

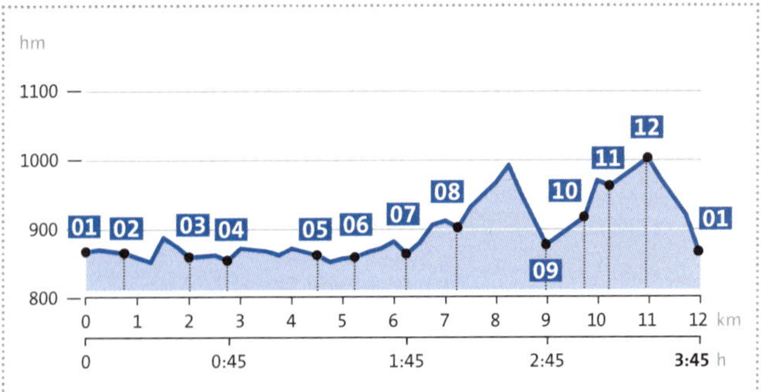

01 Bankenhof, 865 m; 02 Henslerhof, 863 m; 03 Camping Bankenhof, 857 m; 04 Camping Sandbank, 852 m; 05 Seehof, 860 m; 06 Alte Poststraße, 857 m; 07 Eisweiher, 862 m; 08 Jockeleshof, 900 m; 09 Alemannenhof, 875 m; 10 Weberhof, 915 m; 11 Bankenhansenhof, 960 m; 12 Bankenhöhe, 1000 m

Das Museum am Bankenhof.

verläuft nahe am Ufer und bietet herrlichen Blick über den See. Wir erreichen das **Hotel Seehof** 05 und schwenken nach links Richtung Ortsmitte.

Über die Seestraße gelangen wir zur Strandbadstraße, passieren das Kurhaus und biegen bei der **Pos. Alte Poststraße** 06 rechts leicht ansteigend ab (rote Raute). An der Christkönig-Kirche vorbei, geht es in einem Linksbogen hoch zur Pos. Bruggerwald und bei den letzten Häusern (Schranke) endet der Asphalt. Durch den hochstämmigen Wald bringt uns ein schmälerer Fußweg zum **Eisweiher** 07.

Der Jockeleshof mit Kapelle.

Bei der Pos. An der Langmatte schwenken wir links ab und folgen einem wurzeligen Pfad hoch in den Wald. Bei der nächsten Wegverzweigung entscheiden wir uns für den oberen Weg, bleiben noch ein Stück weit im Wald, dann öffnet sich der Blick nach rechts, und am Waldrand entlang marschieren wir auf den vor uns liegenden **Jockeleshof** 08 und die kleine Kapelle zu.

Beim Hof knicken wir links ab und steigen zum Wald hoch, steiler werdend geht es am Waldrand entlang zur Pos. Mehlberg, wo wir scharf links abbiegen und Richtung **Campingplatz Bühlhof** wieder in den Wald eintauchen. Oben auf der Kuppe, bei der Pos. Bühlberg, erreichen wir links eine Lichtung und einen großen Steinmännchen-Platz. Wir wandern bergab, am Campingplatz Bühlhof vorbei, stoßen auf ein Asphaltsträßchen, dem wir kurz rechts folgen, um nach der Kurve scharf rechts in den Alemannenhofweg abzubiegen. Beim **Alemannenhof** 09 folgen wir kurz rechts der Straße (Gehweg), um gegenüber vom schlossähnlichen EnBW-Ferienhaus in ein asphaltiertes Sträßchen einzubiegen, das uns leicht ansteigend, vorbei an der Olga-Lesser-Stiftung, zum **Weberhof** 10 und zur nächsten Kapelle hinauf führt.

In einem Linksbogen erreichen wir wenig später den **Bankenhansenhof** 11 (mit schönem Glockenturm am Dach) und folgen der gelben Raute rechts hoch zum Wald. Weiter ansteigend erreichen wir die **Pos. Bankenhöhe** 12 und biegen hier scharf links ab. Ordentlich steil geht es durch ein Waldstück, dann über Almflächen bergab zum Feuerwehrhotel Sankt Florian. Die letzten Meter zurück zum Bankenhof verlaufen auf Asphalt.

HOCHFIRST • 1190 m

Aussichtsturm auf dem Titiseer Hausberg

10,25 km | 3:30 h | 384 hm | 384 hm

START | Titisee, Kurhaus, Parkplatz
[GPS: UTM Zone 32 x: 436.600 m y: 5.305.600 m]
CHARAKTER | Wald- und Wanderwege, teils mit kürzeren, etwas steileren Pfadpassagen, asphaltierter Weg in Titisee-Ort.

Der unter Denkmalschutz stehende, 25 hohe Hochfirstturm bietet einen herrlichen Ausblick zum Titisee und zum Feldberg. Bei klaren Witterungsverhältnissen lassen sich die schweizerischen, österreichischen und sogar die französischen Alpen erkennen.

Vom **Kurhaus** in Titisee 01 spazieren wir an der Uferpromenade zum Hotel Seehof, unterqueren Straße und Eisenbahn und halten uns bei der **Pos. Seesteige** 02 geradeaus hoch in den Wald, die ersten, steileren Meter noch auf Asphalt. Auf Kies steigen wir weiter an und verlassen den breiten Weg in einer Rechtskurve bei der Pos. Am Winterberg. Geradeaus, auf schmälerem Weg, folgen wir der Markierung Hochfirst. Der anfangs flache Weg steigt wieder an, auf Waldboden unterqueren wir eine Stromtrasse, und relativ aussichtslos stoßen wir auf die nächste Verzweigung, wo wir rechts auf einen schmalen Pfad abzweigen, der uns in Kehren, mit teils steileren Abschnitten, zur Pos. Saig

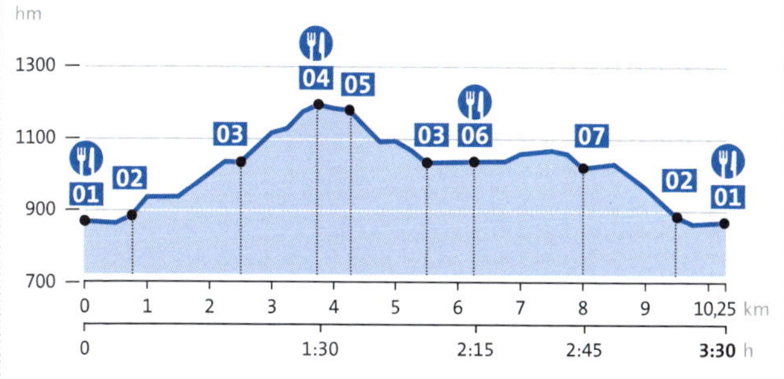

01 Titisee, Kurhaus, 865 m; 02 Pos. Seesteige, 880 m; 03 Saig Waldhaus, 1030 m; 04 Hochfirst, 1190 m; 05 Abzw. Pfad, 1175 m; 06 Hotel Saigerhöh, 1033 m; 07 Pos. Rotkreuz, 1016 m

Tiefblick vom Hochfirst zum Titisee.

Waldhaus 1032 m und einem Kiesweg hochbringt. Nach links gelangen wir nach wenigen Metern zur **Pos. Saig Waldhaus 1030 m** 03 und auf ein Asphaltsträßchen.

Geradeaus weiter stoßen wir auf eine Verzweigung und folgen links der Markierung Richtung Berggasthaus Hochfirst. Der breite Forstweg steigt durch den Wald zu einer Verzweigung an, hier schwenken wir nach rechts und folgen einem steinigen, steilen Weg (Markierung weiß-rot auf gelb). Wir erreichen das Waldende, haben links hinab eine fantastische Sicht zum Titisee, und nach rechts führt ein schmaler Fußweg über den Hang hinauf zum sichtbaren Sendeturm. Wenige Minuten später stehen wir vor dem Berggasthaus und dem **Hochfirstturm** 04.

Wir verlassen den Gipfel auf einem schmalen Pfad, schwenken bei der nächsten Verzweigung nach rechts (Schild am Baum: Höhenkammweg) und wandern dann linkshaltend auf dem breiten Hochfirstweg bergab. Wenig später verlassen wir den breiten Weg und biegen rechts in einen schmalen, abwärts führenden **Hangpfad** 05 ab.

An einer Sitzbank und einem Pumphäuschen vorbei gehen wir auf dem nun breiteren Weg (gelbe Raute) abwärts und stoßen auf die Verzweigung mit dem Hinweg, bei der **Pos. Saig Waldhaus 1030 m** 03. Vorbei an der Abzweigung rechts hinab zum Titisee bleiben wir geradeaus, treffen auf Häuser und Asphalt und eine freie Lichtung mit herrlicher Aussicht. Unter der Hochspannungsleitung hindurch und den Sportplatz passierend, erreichen wir das **Hotel Saigerhöh** 06.

Der Asphalt endet nach den Hoteltennisplätzen, und zunächst ziemlich eben geht es abwärts an den Waldrand zur **Pos. Rotkreuz** 07; die Autostraße in Sichtweite vor uns.

Bootsanlegestelle an der Titiseer Promenade.

Wir biegen scharf rechts ab, der Weg fällt bald zunehmend stärker ab und nach spitzen Kehren eröffnet sich links ein wunderbarer Tiefblick zum Titisee und nur wenig unter uns dampft bei etwas Glück die Titiseebahn vorbei. Kurz darauf erreichen wir die **Verzweigung** 02 mit dem Hinweg, halten uns links, unterqueren Bahn und Straße und bummeln zurück zum Ausgangspunkt beim **Kurhaus** 01.

HIRTENPFAD

Auf den Spuren der Schwarzwälder Hirtenbuben

8,25 km | 2:45 h | 289 hm | 289 hm

START | Parkplatz Raitenbucher Höhe in Lenzkirch-Raitenbuch [GPS: UTM Zone 32 x: 435.190 m y: 5.298.100 m]
CHARAKTER | Herrliche Wege und Pfade durch Wald und Wiesen, nur ganz kurze Asphaltpassagen.

Eindrucksvolle Infotafeln, die den Weg der Hirtenbuben dokumentieren und illustrieren, lassen erahnen, dass diese wunderschöne Schwarzwaldregion in früheren Tagen durchaus nicht von allen als reine Urlaubslandschaft wahrgenommen werden konnte.

▶ Unterhalb vom **Wanderparkplatz Raitenbuch** 01 (Hirtenpfad-Infotafel) gehen wir bei der Pos. Am Wildenhof auf einem schmalen Pfad rechts hinab. Der Weg wird breiter und führt am Grashang entlang leicht bergab. Schöner Ausblick links hinab nach Raitenbuch. Durch Waldstücke am Waldrand entlang und über freie Wiesenflächen schlängelt sich der gut markierte Hirtenpfad auf breiten Wegen und schmalen Pfaden an vielen Infostellen und Aussichtsliegen vorbei, streckenweise ein herrlicher Panoramaweg.

Wir stoßen in einer Kurve, bei einem Jägerstand, auf einen breiteren Forstweg, halten uns links bergab und erreichen unten bei der Pos. Am Möslehof eine Verzweigung und Asphalt. Nach

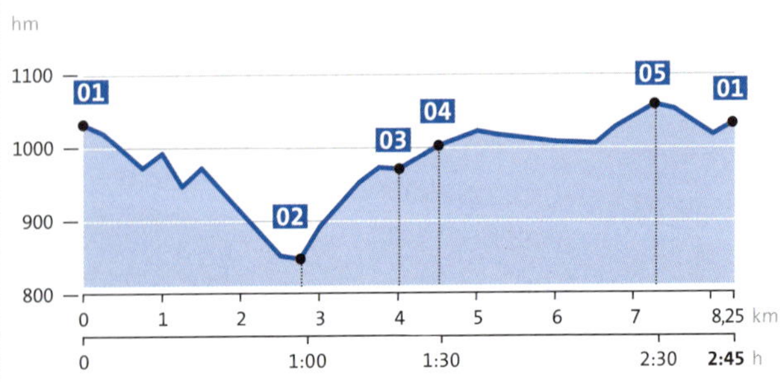

01 Parkplatz Raitenbucher Höhe, 1030 m; 02 Möslehof, 846 m; 03 Zinsmoos, 968 m; 04 Alter Ahorn, 1000 m; 05 Am Hohspirn, 1056 m

Aussichtsliege am Hirtenpfad.

links wandern wir auf dem Asphaltsträßchen leicht ansteigend zum **Möslehof** 02, dort weist uns das Hirtenpfad-Schild rechts über die Wiesen, und eine kleine Senke (Steg) durchquerend steigen wir auf schmalem Pfad steil berghoch zur Raitenbucher Straße. Ein paar

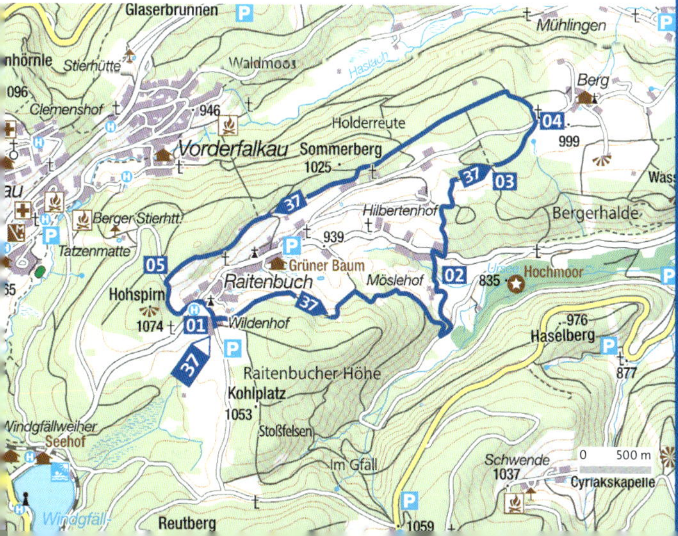

Herrlicher Wiesenpfad am Waldrand entlang.

Meter rechts, dann knicken wir links ab und wandern wieder steiler ansteigend dem Wald entlang hoch.

Wir stoßen auf einen kreuzenden Forstweg, halten uns wieder kurz rechts, um bei einem größeren Platz erneut links abzubiegen und zum Waldrand hochzusteigen. Diesem folgen wir rechts, überqueren einen breiten Forstweg bei der **Pos. Zinsmoos** 03 und erreichen bei der **Pos. Alter Ahorn** 04 die 1000-m-Grenze und eine Asphaltstraße.

Wir überschreiten die Straße und folgen dem Kiesweg, der hier auch als Windgfällweiher Höhenweg ausgeschildert ist. In einer Linkskehre, rechts unten sind Häuser zu sehen, führt der breite Weg flach in den Wald hinein, wir passieren die Pos. Klausenhof und wandern geradeaus weiter. Der eingezäunte Weg führt durch das Fürstenbergische Jagdrevier zu einer kleinen Lichtung, wo wir im 90-Grad-Winkel links abbiegen und dann bei der nächsten Aussichtsbank rechts dem Panoramaweg am Waldrand entlang folgen.

Wir treffen auf eine Stelle, wo wir uns in ein Buch eintragen können, passieren weitere Aussichtsliegen und bleiben bei der Verzweigung, die links nach Raitenbuch hinab führt, rechts, gehen weiter am Waldrand entlang. Der Weg steigt zu einem Häuschen an, wir treten in den Wald ein und es geht nochmals rechts hoch.

Nach ein paar steilen Metern wandern wir wieder flach am Waldrand entlang, stoßen am Waldeck auf die **Pos. Hohspirn** 05 und wandern auf dem asphaltierten Kiesweg am Waldrand entlang bergab. In einer großen Linkskehre marschieren wir zur Straße vor, und an der kleinen Kapelle vorbei rechts hoch zum Ausgangspunkt beim **Wanderparkplatz** 01.

RÖTENBACHSCHLUCHT – WUTACHSCHLUCHT

Zwei-Schluchten-Feeling

16 km | 4:45 h | 271 hm | 271 hm

START | Rötenbach, Borstenbühlweg, gegenüber Bahnhof [GPS: UTM Zone 32 x: 446.900 m y: 5.304.600 m]
CHARAKTER | Wanderwege und -pfade, streckenweise Asphaltpassagen, in der Rötenbach- und der Wutachschlucht teils steilere und wurzelige Steige mit Holzstufen, zwei kurze Drahtseilstellen.

Gegenüber vom **Bahnhof**, im Borstenbühlweg 01, starten wir unsere Runde, unterqueren die Eisenbahnbrücke und marschieren auf der Hauptstraße zum **Rathaus** 02 und zur Tourist-Info. Wir überqueren die Straße und gehen auf der Rötenbachstraße, die bei der nächsten Verzweigung rechts abbiegt (Mark. Rötenbachschlucht) am Bach entlang aus dem Dorf und in den Wald. Links neben dem Sträßchen tauchen Porphyrfelsen auf, rechts, etwas erhöht, verläuft die Bahnlinie. Wir passieren links einen großen Steinbruch, verlassen kurz darauf den breiten Weg und schwenken nach rechts. Über einen Steg überqueren wir den Rötenbach und folgen

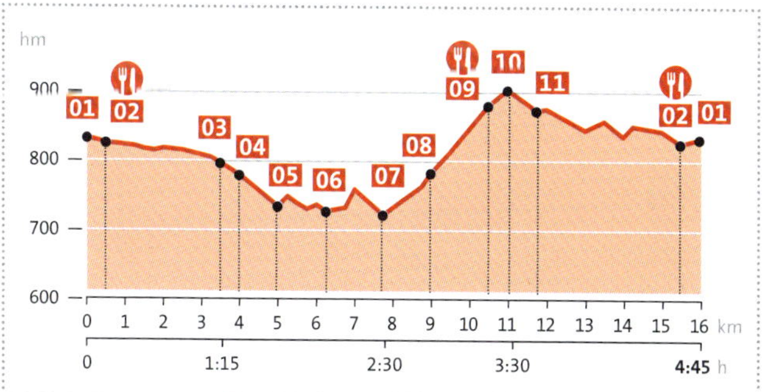

01 Rötenbach, Borstenbühlweg, 830 m; 02 Rathaus, 823 m; 03 Rötenbachschluchthütte, 794 m; 04 Felsdenkmal, 777 m; 05 Rötenbach-Wutach, 732 m; 06 Stallegger Tanne, 725 m; 07 Räuberschlössle, 720 m; 08 ehem. Bad, 780 m; 09 Göschweiler, Waldstraße, 877 m; 10 Hohe Wacht, 900 m; 11 Grillhütte Göschweiler, 870 m

In der Rötenbachschlucht.

auf der anderen Bachseite einem schmalen Fußpfad, der sich recht wild durch den niedrigen Wald schlängelt. Wir stoßen bei einer Brücke (links) auf einen breiten Forstweg, folgen aber weiter dem schmalen Pfad geradeaus. Der wurzelige Pfad verläuft in leichtem Auf und Ab meist oberhalb des Baches, wir überqueren einen

Am Räuberschlössle.

weiteren Forstweg, wandern an größeren Felsen vorbei und treffen auf einen Eisensteg. Die nächste wenig entfernte Brücke führt über den Bachlauf hinüber zur kleinen **Rötenbachschluchthütte** **03**.

Wir überqueren mehrmals den Bach, passieren ein „**Denkmal**"-Schild **04** (links ist der „Forstrat Fürstenwerth Weg, erbaut 1928" in den Fels gehauen) und einen kleinen Wasserfall und stoßen bei einem steileren Aufschwung zu einer kurzen Drahtseilpassage. Über weitere Brückchen und steilere Auf-und-Ab-Stellen gelangen wir zum **Zusammenfluss** von **Rötenbach** und **Wutach** **05** und einen schönen Rastplatz.

Wir steigen ein Stück weit an, Richtung Räuberschlössle, erreichen die Pos. Ob der Rötenbachmündung, halten uns rechts leicht abwärts und stoßen nach einer flacheren Passage und einer Linkskehre auf eine Wehranlage links unten. Kurz darauf passieren wir die **Stallegger Tanne** **06** und ein paar Meter weiter die überdachte Brücke bei der Pos. Stallegger Brücke. Der schmale Hangpfad teilt sich nach einigen Feuchtpassagen, wir gehen scharf rechts, über Treppenstufen bergab, und im Wald deutlich steiler bergab zum **Räuberschlössle** **07**.

Vorbei an der Pos. Räuberschlössle folgen wir dem Pfad, der dann in einer deutlichen Linkskehre ans Waldende führt. Geradeaus hoch geht es über Wiesen zu einem Rastplatz. Wir schwenken kurz rechts, treffen auf einen Forstweg, dem wir rechts folgen und biegen

Am höchsten Punkt der Tour, an der Hohen Wacht.

dann bei einer Verzweigung links ab. Ansteigend erreichen wir Asphalt beim **Alten Schwimmbad** 08 und weiter ansteigend stoßen wir auf die Zufahrtsstraße, die links zum Rastplatz verläuft.

Wir folgen der Asphaltstraße nach rechts und biegen unterhalb der ersten Häuser scharf links ab. Geradeaus ist der Göschweiler Käsekeller ausgeschildert.

Schwarzwaldmühle in Rötenbach.

Auf der Lenzkircher Straße erreichen wir die Ortmitte, über die **Waldstraße** 09 verlassen wir leicht ansteigend den Ort und gelangen zur **Pos. Hohe Wacht** 10, einen herrlichen Aussichtspunkt. In einer Rechtskehre wandern wir hinab zur **Grillhütte Göschweiler** 11, biegen rechts ab und gehen am Waldrand bzw. leicht im Wald auf schnurgeradem Forstweg fast eben dahin. Der Markierung Rötenbach folgen wir ans Waldende, schwenken nach links und wandern auf Asphalt über zu einer Kuppe mit schöner Aussicht hoch.

Wir biegen scharf links ab, stoßen auf die Göschweiler Straße, der man ohne Gehweg ein Stück folgen muss. Nach dem Ortsschild spazieren wir auf dem Gehweg leicht abwärts und biegen vor der Vorfahrtsstraße links in die Stichstraße ab, die uns direkt zum **Rathaus** 02 und zum **Ausgangspunkt** 01 zurückbringt.

LÖFFINGER RUNDTOUR

Wildpark – Wallfahrtskapelle – Heilkräuterpfad - Waldbad

8,75 km | 2:45 h | 173 hm | 173 hm

START | Löffingen, Schwarzwaldpark
[GPS: UTM Zone 32 x: 450.400 m y: 5.305.330 m]
CHARAKTER | Asphaltierte Nebensträßchen und Gehwege, Wanderwege und Waldpfade.

Vom großen **Parkplatz** 01 machen wir zunächst einen Abstecher zum nahen **Wildpark** 02. Wieder zurück am Parkplatz, folgen wir leicht ansteigend der Straße Ziegelhütte, unterqueren die Bundesstraße und stehen kurz darauf vor der **Wallfahrtskirche Witterschnee** 03. Neben der Kirche, beim Witterschneekreuz, steht auch die alte, hölzerne Wallfahrtskapelle.

Wir wandern aussichtsreich auf einem gekiesten Weg durch eine schöne Baumallee, parallel versetzt neben der Straße, an Wallfahrtsstationen entlang. Am Ende des Stationenweges ist ein Heilkräuterweg ausgewiesen. Wir gehen rechts hinab zu den Häusern, folgen der Maienlandstraße Richtung Kirche und gelangen durch ein Tor in die Stadtmitte zum **Rathausplatz** 04.

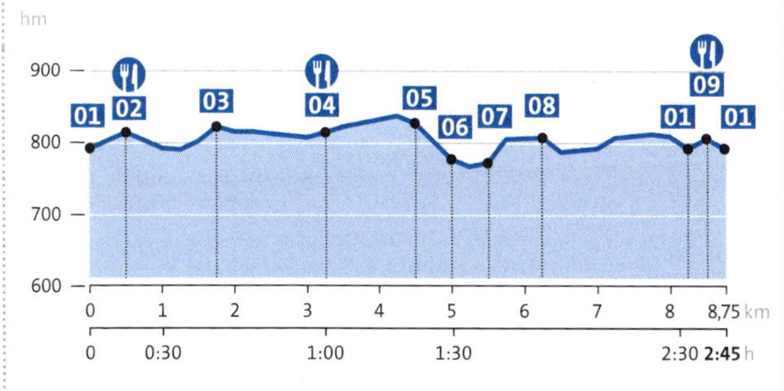

01 Parkplatz Wildpark Löffingen, 790 m; 02 Wildpark, 812 m; 03 Wallfahrtskirche Witterschnee, 820 m; 04 Löffingen, Rathausplatz, 812 m; 05 Abzw. Kläranlage, 825 m; 06 Lehrpfad, 775 m; 07 Hütte, 770 m; 08 Heilkräuterpfad, 805 m; 09 Waldbad, 804 m

Am Eingang zum Wildpark Löffingen.

Über die Kirchstraße umrunden wir das Zentrum, vorbei an schönen Brunnen und der Tourist-Info. Am oberen Ende des Rathausplatzes gehen wir rechts hoch Richtung Mauchachtal, folgen der Oberen Hauptstraße, passieren das Hotel Hexenschopf, und schwenken in die Dittishauser Straße. Wir verlassen diese vor der großen Autobrücke, unterqueren die Straße und gehen beim Kreisverkehr geradeaus bis nach rechts ein Schild zur **Kläranlage** 05 zeigt (gelbe Raute).

Auf dem Asphaltsträßchen leicht abwärts, bei einer Verzweigung geradeaus weiter, hier ist auch der Heilkräuterweg ausgeschildert, bis das Teersträßchen einen Rechtsknick macht. Wir gehen geradeaus in den Wald (**Lehrpfad** 06, Infotafel „Baldrian"), es wir steiler und schattiger. An einem Bachbett und weiteren Infotafeln entlang, erreichen wir eine Brücke. Nach Überqueren des Baches steigt der Weg an und führt durch lichten, hochstämmigen Wald. Wir überqueren ein kreuzendes Asphaltsträßchen, stoßen auf eine **Hütte** 07 und wandern durch Wiesen leicht ansteigend zum Wald hoch.

Dort knicken wir links ab und wandern auf dem aussichtsreichen **Heilkräuterpfad** 08, vorbei an etlichen Infotafeln, fast eben am Waldrand entlang. Wir stoßen auf Asphalt, schwenken nach halblinks auf einen grasigen, nicht markierten Weg, der in den Wald hinabführt. Ein herrlicher Grasweg, links unten begleitet uns ein mäandrierender Bach, leitet uns zu einer Asphaltstraße – und ist zurück als Heilkräuterpfad markiert.

Wir überschreiten die Straße in einer Linkskurve (Mauchachbrücke), vorbei an einem Bushäuschen und folgen links von der Straße einem schmalen Pfad. Nach einer Kurve überqueren wir die Straße und marschieren auf dem straßenbegleitenden Rad-/Fußweg leicht aufwärts. Wir passieren das Hotel Tanneneck, überschreiten eine kleine Kuppe und wandern gemächlich hinab zum **Parkplatz** 01 beim Wildpark.

Geradeaus und leicht ansteigend sind wir in wenigen Minuten beim **Waldbad** 09, und können unsere Rundtour mit einem erfrischenden Bad abschließen.

Wallfahrtskirche Witterschnee.

GAUCHACHSCHLUCHT

Durch eines der ältesten Naturschutzgebiete Baden-Württembergs

5,5 km | 2:00 h | 175 hm | 175 hm

START | Mundelfingen, Wanderparkplatz Burgmühlenweg [GPS: UTM Zone 32 x: 4591.100 m y: 5.302.100 m]
CHARAKTER | Breite Forst- und Waldwege, in der Gauchachschlucht schmale, teils felsige und steile Pfade und Steige.

Vom **Wanderparkplatz** 01, östlich von Mundelfingen, gehen wir auf einem Feldweg über eine offene Feldlandschaft schnurgerade zum Waldeck hinüber. Hier biegen wir links ab, wandern am Waldrand und einem Weidezaun entlang abwärts zu einem Asphaltsträßchen, dem wir am Waldrand entlang weiter bergab zu einer Lichtung folgen. Mitten in den Feldern stoßen wir auf eine Verzweigung, rechts weist uns ein Schild zur Gauchachschlucht. Hier endet der Asphalt und ein Kiesweg bringt uns wieder in den Wald.

Nach einem schönen, weißen Steinkreuz fällt der Weg steiler ab, der breite Weg verengt sich zu einem steinigen Pfad, und nach einer Linkskehre wird es feucht, wir überqueren einen Bachlauf (Holzbrücke) und erreichen die **Pos. Am Balgenbächle** 02. Wir halten uns links, folgen dem schmalen Pfad zunächst am Bach entlang,

01 Wanderparkplatz, 752 m; 02 Am Balgenbächle, 652 m; 03 Lochmühlkapelle, 668 m; 04 Tränkebachmündung, 613 m; 05 Wanderheim Burgmühle, 625 m

Die kleine Lochmühlkapelle.

Eine der vielen Brückenkonstruktionen in der Gauchachschlucht.

dann führt der Weg oberhalb des Bachs zu einer Brücke, die wir über eine scharfe Linkskehre abwärts erreichen (Pos. Lochmühle). Wir schwenken nach links, stoßen auf die Pos. Grünburg, wo ein Holzschild rechts hoch zur Kapelle weist.

Nach dem Abstecher zur **Lochmühlkapelle** 03, der in steilen Kehren den Hang hochführt, folgen wir unten dem flachen, teils steinigen und wurzeligen Pfad am Bach entlang. Der Weg führt an Felsen vorbei, links taucht ein kleiner Wasserfall auf, und wir treffen auf eine aus einem Riesenholzstamm bestehende Brücke, die uns über die Gauchach hinüberleitet. Es folgen leicht rutschige Passagen an Felsen entlang und über Felsplatten, bis es flacher wird und wir die Pos. **Tränkebachmündung** 04 erreichen. Geradeaus weiter am Bachlauf entlang kommen wir zu einer Drahtseilpassage, überqueren eine weitere Brücke und gelangen zum **Wanderheim Burgmühle** 05.

Kurz nach der Einkehrstätte überqueren wir einen nur für drei Personen zugelassenen Steg, erreichen eine Verzweigung (Pos. Burgmühle), bei der wir links hoch in Richtung Mundelfingen abbiegen. Ein breiter, steiniger Weg führt recht steil in den Wald hoch, flacht zwischendurch etwas ab und bringt uns an den Waldrand. Rechts öffnet sich der Blick und wir wandern am Waldrand entlang weiter hoch.

Der Kiesweg geht in ein Asphaltsträßchen über, wir überqueren eine große Lichtung, passieren rechts eine Aussichtsbank mit Marterl und sehen bald darauf unseren Ausgangspunkt, den **Wanderparkplatz** 01, vor uns.

ENGESCHLUCHT – GAUCHACH-SCHLUCHT – WUTACHSCHLUCHT

Auf wilden Pfaden und Steigen durch drei Schluchten

10 km | 3:30 h | 202 hm | 202 hm

START | Bachheim, Wanderparkplatz, bei der Drei-Schluchten-Halle [GPS: UTM Zone 32 x: 455.850 m y: 5.300.320 m]
CHARAKTER | In den Schluchten schmale, teils felsige und steile Pfade und Steige, kurze drahtseilgesicherte Passagen.

Bei dieser Schluchten-Rundtour wird man überrascht durch die Vielfalt der Brücken- und Stegkonstruktionen, die über Tränkebach, Gauchach und Wutach führen. Erstaunlich, wie viele Möglichkeiten es gibt, Bäche und Flüsse zu überqueren.

▶ Vom **Wanderparkplatz Bachheim** 01 folgen wir der Beschilderung „Engeschlucht" und marschieren auf dem Kiesweg am Waldrand entlang, biegen dann über freies Feld nach links ab, stoßen auf ein Asphaltsträßchen und folgen ihm nach rechts zur **Pos. Burgwald** 02. Ein paar Meter später, bei der Pos. Äußere Ösch, schwenken wir nach links zur Straße hinüber und gehen rechts auf ein größeres Hofgebäude zu. Dort zeigt ein etwas verstecktes Gelbe-Raute-Schild nach links und ein Feldweg bringt uns an den Waldrand. Ein paar Meter links,

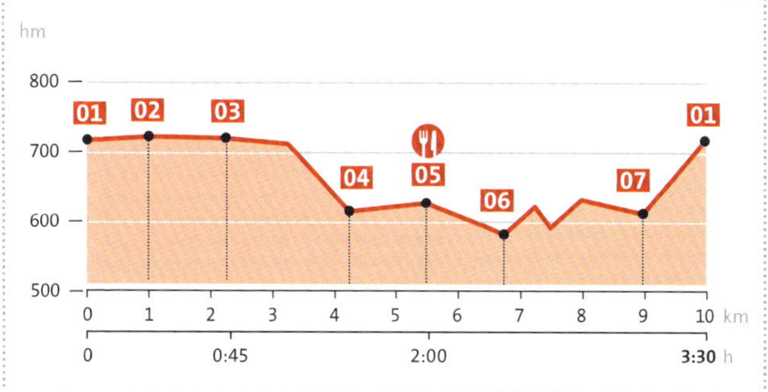

01 Wanderparkplatz, 715 m; 02 Burgwald, 720 m; 03 Engeschlucht, 718 m; 04 Tränkebachmündung, 613 m; 05 Burgmühle, 625 m; 06 Kanadiersteg, 580 m; 07 Inselwirts Keller, 610 m

In der wilden (hier: fast wasserlosen) Engeschlucht.

dann geht es auf markiertem Weg leicht abwärts in den Wald und hinab zum Tränkebach in der **Engeschlucht** 03.

Der breite Waldweg führt über eine Brücke, wir halten uns rechts neben dem zur Zeit trockenen Bachbett auf dem zunächst breiten Weg, der sich bald zu einem Pfad verengt. Das Bachtal wird enger, rechts wird es felsiger und das

Drahtseilpassage an der Gauchach.

Ganze wird schluchtartiger. Bei einem Mühlstein kann man wählen, bei Trockenheit rechts über das Bachbett, bei Wasser links über einen kleinen Holzsteg. Wir überqueren kurz danach erneut eine Brücke und folgen dem schmalen Pfad, der leicht ansteigt.

Der Weg am Hang ist rechts etwas ausgesetzt, dann geht es über Holzstufen hinab und über einen Holzsteg. Eine wurzelige, teils steinige und feuchte Passage folgt, es geht mehrfach über Holzstufen rauf und runter und wir überqueren den Bach über unterschiedliche Brückenkonstruktionen. Nach einer steilen abwärts führenden Eisentreppe verläuft der schmale Pfad über teils glatt gewaschene Felsplatten, direkt am Wasser entlang, an einem kleinen Wasserfall vorbei, und wir stoßen auf die Pos. **Tränkebachmündung** 04.

Wir überqueren die Gauchach und folgen dem schmalen Pfad rechts durch die Gauchachschlucht. An Felsen entlang (Drahtseilstelle), und über eine weitere Brücke, gelangen wir zur **Burgmühle** **05**. Wir überqueren mehrmals die Gauchach und der Pfad führt anfangs wieder zwischen Felsen hindurch, wird aber zunehmend flacher und breiter. Wir passieren rechts die Brücke nach Bachheim (Alternativweg, wenn der Schluchtensteig gesperrt ist!).

Kurz darauf sind wir bei der Einmündung der Gauchach in die Wutach und beim überdachten **Kanadiersteg** **06**. Wir überqueren die Wutach und folgen dem Schluchtensteig-Schild, das uns durch diesen Teil der Wutachschlucht leitet. Über drahtseilgesicherte Holzstufen geht es aufwärts und an imposanten Felswänden entlang. Es folgen weitere felsige Passagen, etliche Stellen mit Drahtseilsicherungen.

Nach dem Bachheimer (Josefs-) Steg entfernen wir uns von der Wutach und ein Kiesweg führt hoch zur **Pos. Inselwirts Keller** **07**. Auf schmalem Waldweg steil hoch, der Weg verbreitert sich, steigt weiter an und führt uns in einer großen Linkskehre an den Waldrand und flacher werdend zurück zum **Wanderparkplatz Bachheim** **01**.

Variante über den Burgwald (Alternativweg)

Der Alternativweg führt auf einem Holzsteg über die Gauchach via Bachheim und steigt als schmaler, steiniger Pfad am Waldhang entlang zunächst steiler an. Der Weg verbreitert sich, wird flacher und bringt uns zu einer Verzweigung. Links ein paar Meter auf schmalem Pfad steil hoch, stoßen wir auf einen Forstweg, dem wir rechts folgen. Stetig leicht ansteigend gelangen wir ans Waldende und wandern zunächst über offenes Gelände, dann am Waldrand entlang zur Pos. Äußere Ösch, wo wir auf den Hinweg treffen, dem wir zurück zum Parkplatz folgen.

WUTACHSCHLUCHT

Schluchtensteigetappe, Rosshütte und Fischerweg

9 km | 3:00 h | 239 hm | 239 hm

START | Bad Boll, Parkplatz Nebelhalde, Wutachstraße [GPS: UTM Zone 32 x: 451.430 m y: 5.298.380 m]
CHARAKTER | Breite Forstwege und asphaltierte Nebensträßchen, in der Wutachschlucht schmale, teils felsige Pfade und Steige.

Vom **Parkplatz Nebelhalde** 01 wandern wir auf einem geteerten Weg, der bald in einen Naturweg übergeht und in den Wald hinein führt, leicht bergab. Rechts begleitet uns ein Bachlauf, der sich zunehmend schluchtartig entwickelt. Wir passieren den (gesperrten) Zugang zur ehem. **Burg Boll** 02. Ein paar Meter weiter ist über einen schmalen Pfad ein nicht gesperrter Zugang zur Ruine möglich.

Der Weg schlängelt sich serpentinenreich durch den Wald bergab, bringt uns zur Pos. Tannegg und zu einem breiten Forstweg. Ab hier folgen wir nach rechts dem Schluchtensteig-Schild. Leicht abwärts stoßen wir auf einen **Pavillon** 03 (Infotafeln) und die Pos. ehem. Bad Boll. Links, ein paar Meter abseits des Weges, lassen sich auf einer Brücke schöne Bilder von der Wutach machen.

Wir marschieren nun flach geradeaus, passieren einen Picknickplatz und eine kleine **Kapelle** und erreichen bald die ersten ein-

01 Boll, Parkplatz Nebelhalde, 735 m; 02 Burgruine Boll, 670 m; 03 Pavillon, 618 m; 04 Schurhammer Hütte, 610 m; 05 Rosshütte, 730 m; 06 Pos. Kirchenwald, 802 m

Drahtseilgesicherte Felsstufe in der Wutachschlucht.

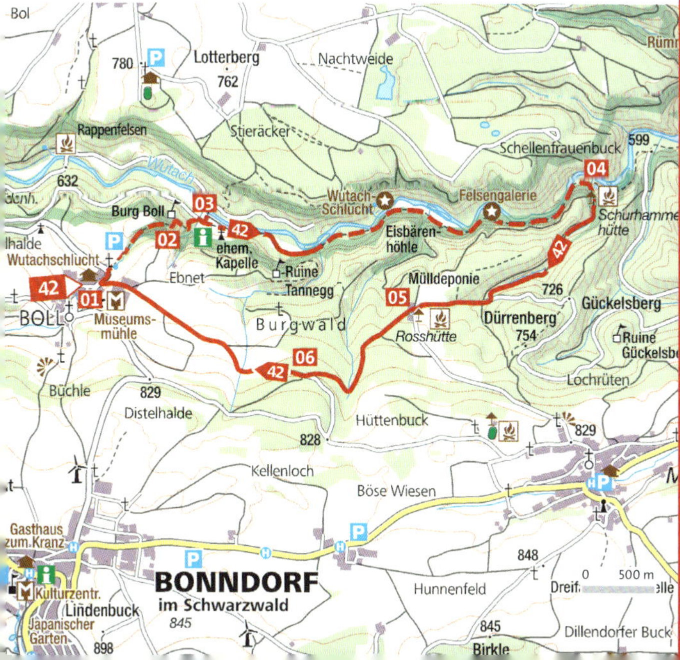

Ruine der ehemigen Burg Boll.

drucksvollen Felsen, die sich vor uns auftürmen. Wir überqueren die Wutach, gehen an Felswänden und einem kleinen Wasserfall vorbei, teils ist der Weg mit großen Steinen gepflastert, teils verläuft er als schmaler Pfad durch mannshohes Pflanzendickicht. Auf und Ab führt uns der Steig über eine drahtseilgesicherte Felsstufe hoch und schlängelt sich an mächtigen Felswänden vorbei am Hang entlang.

Wir passieren ein steinernes Gedenkkreuz, umgehen eine Felsnase und kurven weiter am steilen Hang entlang. Nachdem wir auf einem Holzsteg einen Tobel überquert haben, rücken die Felsen wieder nahe an den Weg, links etwas unterhalb von uns fließt die Wutach. Kurz darauf erreichen wir die **Schurhammer Hütte** 04.

Ein breiter, leicht ansteigender Forstweg führt rechts hoch in Richtung Rosshütte. Der Weg wird dann ein Stück weit steiler und flacht oben im lichter werdenden Wald wieder ab. Auf der Kuppe verlassen wir den Wald, rechts taucht das Riesenplanendach der Kreismülldeponie auf, wir stoßen auf Asphalt und stehen vor der kleinen **Rosshütte** 05.

Wir gehen rechts an der Hütte und am Brunnen vorbei in den schattigen Wald und folgen der Markierung auf einer Holztafel (Fischerweg nach Boll). Auf nur leicht ansteigendem Waldweg marschieren wir recht aussichtslos in großen Kehren zu einem Asphaltsträßchen (**Pos. Kirchenwald** 06) und folgen diesem nach rechts leicht abwärts.

Der Wald endet und der Blick öffnet sich und mit fantastischer Aussicht gehen wir über freies Feld in Richtung Boll. Nach dem Ortsschild kurz abwärts und nach wenigen Schritten ist der **Parkplatz Nebelhalde** 01 erreicht.

RANDEN – BOHLKOPFWEG

Auf dem Hohen Randen zum nördlichsten Punkt der Schweiz

8,75 km | 2:45 h | 245 hm | 245 hm

START | (Blumberg-)Randen, Wanderparkplatz Buchener Stumpen [GPS: UTM Zone 32 x: 468.510 m y: 5.295.380 m]
CHARAKTER | Meist breite Forst- und Wanderwege, kurze Asphaltpassagen, zwischen Epfenhofen und Randen grasiger Waldpfad.

Vom **Wanderparkplatz 01** an der Pos. Buchener Stumpen, direkt neben dem Naturdenkmal „Alte Eiche“, schwenken wir rechts in einen Kiesweg und wandern am Waldrand entlang zum **Schwarzen Stein 02**, dem nördlichsten Punkt der Schweiz. Der Grenzstein von 1839 verrät uns, dass hier der Kanton Schaffhausen, das Großherzogtum Baden und die Gemeinden Nordhalden, Bargen und Epfenhofen Grenznachbarn sind bzw. waren.

Wir biegen nach rechts ab in den hochstämmigen Wald und marschieren leicht abwärts. Der Blick öffnet sich bald wieder, wir erreichen freies Wiesengelände, unterqueren eine Stromtrasse und gelangen wieder zum Waldrand. Wir stoßen auf ein Asphaltsträßchen, folgen links der Markierung 11 am Waldrand entlang, unterhalb der summenden Stromleitungen. Rechts passieren wir eine Hütte mit Bolzplatz, bleiben aber auf dem Asphaltsträßchen und über-

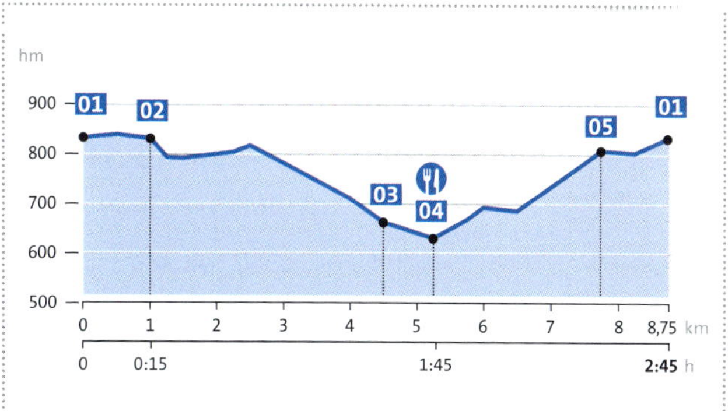

01 Buchener Stumpen, 830 m; 02 Schwarzer Stein, 828 m; 03 Egerstalhof, 660 m; 04 Epfenhofen, 628 m; 05 Randen, 805 m

Die „Alte Eiche“ am Ausgangspunkt beim Buchener Stumpen.

queren die Lichtung in einem großen Linksbogen. Im Wald geht der Asphalt in Kies über und der breite Forstweg steigt moderat an.

Kurz nach einer Markierungstafel, hier zweigt links ein MTB-Weg ab, verlassen wir den breiten Weg und schwenken mit der Mark. 11 nach rechts in einen grasigeren Weg ein (Pos. Am Erbestleweg). Der Weg fällt zunächst leicht, dann steiler ab. Bei der Abzweigung des Hohen Reutewegs bleiben wir geradeaus und es wird zunächst flacher. Nach einem Holzmacherplatz geht es nochmals ein Stück steiler bergab, wir verlassen den Wald und Epfenhofen liegt unter uns. Auch das imposante Bahnviadukt der Sauschwänzlebahn ist bereits zu sehen.

Auf Asphalt wandern wir hinab zum **Egerstalhof** 03, machen einen Rechtsknick, unterqueren Straße und Eisenbahn und folgen dem Asphaltsträßchen rechts über freie Felder hinab nach **Epfenhofen** 04. Ein kurzer Abstecher bis zur Dorfmitte und dem Landgasthof Löwen, dann gehen wir zurück und biegen vor der Kirche links in den Grubenweg ab.

Auf Asphalt steigen wir steil hoch, unterqueren die Eisenbahn und folgen nun der Mark. 12 und der gelben Raute nach rechts, oberhalb der Gleise. Es geht weniger steil in den Wald hoch, mit tollem Blick rechts zum Eisenbahnviadukt, über Epfenhofen und ins weite Land. Bei der Pos. Schneckenhaldenweg schwenken wir nach rechts und der ab hier wieder gekieste Weg bringt uns wieder in den Wald hinein.

Mit dem Schneckenhaldenweg gelangen wir hinab zur Bundesstraße, dort halten wir uns links und folgen dem grasigen Waldweg, der leicht ansteigend hoch und durch niedrigen Wald oberhalb der Straße am Waldhang entlang führt. Es kommt ein kurzer steilerer Anstieg, der uns zu

Am Schwarzen Stein, dem nördlichsten Punkt der Schweiz.

einem Forstweg hochführt. Nach rechts gehen wir auf die scharfe Autokurve, bleiben links auf einem geteerten Sträßchen, das zur Pos. Jurastraße hinaufleitet und uns rechts zu den Häusern von **Randen** 05 bringt.

Parallel zur B27 wandern wir auf Asphalt zur großen Kreuzung hinüber, überqueren diese und marschieren auf einem Asphaltsträßchen geradeaus hoch zum schon sichtbaren **Wanderparkplatz** 01 am Buchener Stumpen.

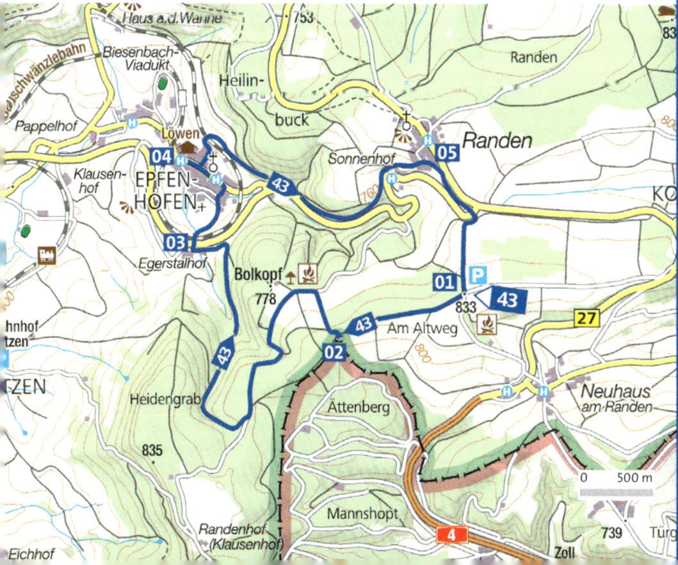

BLUMBERG – WEIZEN

Auf dem Sauschwänzleweg zu den Wutachflühen

15,25 km | 4:30 h | 209 hm | 443 hm

START | Blumberg, Bahnhof; Parken am Bahnhof Weizen [GPS: UTM Zone 32 x: 460.830 m y: 5.290.800 m]
CHARAKTER | Anfangs breite Forst-, Wald- und Wiesenwege mit kurzen steileren Pfadpassagen, in den Wutachflühen schmaler wurzeliger, teils etwas ausgesetzter Steig.

Die Benutzung der beliebten „Sauschwänzlebahn“ macht aus dieser langen Streckenwanderung nicht nur eine schöne Tages-Rundtour; nein, die Fahrt mit dieser kurvenreichen Museumsbahn durch Bögen, Kehrschleifen und über eindrucksvolle Viadukte ist schon für sich ein außergewöhnliches Erlebnis. Um Terminstress zu vermeiden, fahren Sie mit der Bahn von Weizen nach Blumberg und wandern zurück nach Weizen.

▶ Am (Museums-)**Bahnhof** 01 in Blumberg überqueren wir die Schaffhauser Straße und gehen an großen Holzskulpturen vorbei auf einem Kiesweg entlang der Bahn. Wir überqueren eine Fahrstraße, schwenken rechts auf den Gehweg, überqueren eine Holzbrücke, und biegen wenig später scharf links in die Straße Unter Zinnen. Das Sträßchen führt bergauf zur Pos. Unter Zinnen, der Asphalt endet und der Sauschwänzleweg schwenkt nach links. Ein breiter

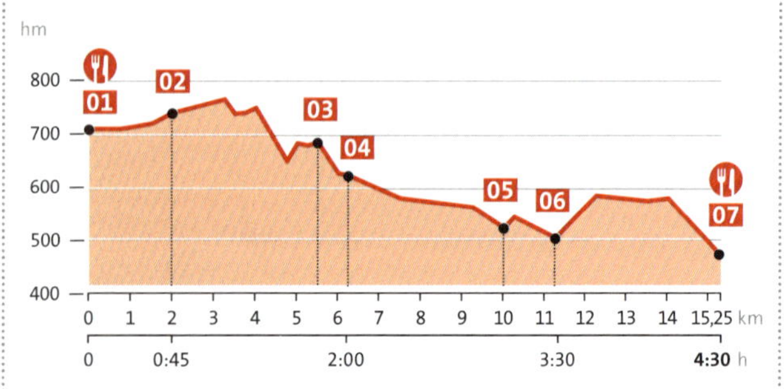

01 Bahnhof Blumberg, 705 m; 02 Pos. Wannen, 735 m; 03 Bielwasenhütte, 680 m; 04 Parkplatz Wutachflühen, 618 m; 05 Eisenbahnviadukt, 520 m; 06 Bhf. Lausheim-Blumegg, 501 m; 07 Bhf. Weizen, 471 m

Holzskulpturen am Sauschwänzleweg in Blumberg.

Feldweg führt am aussichtsreichen Hang entlang zur **Pos. Wannen** 02, und an einer überdachten Infostelle vorbei zum Waldrand.

Geradeaus folgen wir dem herrlichen Panoramaweg, der zwischendurch leicht ansteigt, unterhalb vom Waldrand. Bei einer Verzweigung gehen wir links leicht abwärts zur Pos. Am Buchberg, wo wir nach rechts abbiegen. 100 m nach einem Jägerstand (Markierung!) knicken wir scharf links ab und steigen über eine Wiese hinab zum Waldrand (Schilder).

Deutlich steiler werdend geht es auf einem wurzeligen Pfad weiter abwärts, zunächst durch ein kurzes Waldstück, dann, wieder auf Asphalt, über freie Wiesen. Nach einer Rechts-Links-Kehre erreichen wir ein Asphaltsträßchen, überqueren es und marschieren auf nicht asphaltiertem Weg geradeaus leicht ansteigend hoch.

Unterhalb eines kleinen Parkplatzes stoßen wir auf die Pos. Bei der Bielwasenhütte, biegen zweimal rechts ab und steigen ein paar Meter hoch zur **Bielwasenhütte** 03. In einer Linkskehre führt ein schmaler Pfad dann ordentlich steil am Waldrand entlang hinab zur Asphaltstraße und zur Eisenbahn, die wir nach rechts unterqueren. Nach der Unterführung links zum **Parkplatz Wutachflühen** 04 (Infotafel).

Hier sind mehrere Alternativwege ausgeschildert. Wir folgen dem Normalweg über den Parkplatz Richtung Wald und steigen rechts steil über Stufen bergab. In engen Kehren, mit schönen Tiefblicken, geht es zu einer Verzweigung hinab und auf schmalem Pfad weiter geradeaus. Wir stoßen auf die Pos. Wutachflühen (Muttergottesstatue mit Spendenbüchse) und wandern fast eben auf dem teils ausgesetzten Hangpfad entlang.

Wir passieren den **Mannheimer Felsen**, der Weg fällt spürbar ab und es wird lichter. An der Pos. Bei der Eisenbahnbrücke stoßen wir auf einen breiten Forstweg und sind rechts in wenigen Schritten

BLUMBERG
Wutach
687
Mühlefingen
Aselfingen
603
704
Schleifenbach-
Wasserfälle
Scheffellinde
Brühl
Überachen
ACHDORF
764
Breberg
765
Haldenäcker
Walenhalde
880
Buchberghütte
681
Dengern
548
Wetter-
kreuz
737
Biesenberg
Rossbühl
Lange Fohren
718
Wutach
Bielwasenhütte
Bühl
735
Kohlgruben
Nussbach
693
04
03
Wutachblick
Wanne
Hohrainhof
Eich-
bühl
591
BLUMEGG
Nussbachhütte
Weilergraben
Ruine
Blumegg
Hagen
702
664
Lei
631
Blahen
Weiler
Kehrtunnel
Wutachviadukt
Buch
05
Auf
Stade
Histor. Mühle
Mühle im Weiler
689
Bann-
Stockhalde
Lausheimer Feld
Flüh
Klausenhütte
Stühlinger Hütte
314
Breitwan
Boli
holz
Lausheim-
Blumegg
06
Sauschwänzlebahn
Hochbühl
Bahnhof
Grimmelshofen
Mühlbach
Am Roten
Brunnen
GRIMMELSHOFEN
Wacht
Kreuzäcker
Kreuz
608
Hochwald
WEIZEN
Reichenberger
Höfe
Eisenland
Sauschwänzlebahn
Wutach
Neubruch
646
Wisstannen
Bahnhof
Weizen
621
Am
Bahnhof
07
Birbistel
Chesselhof
Seewihof
571
Mattenhof
B&B zur
Mittelbuck
Holeneich
Forenhof
Widen
Ländli
Rüetistelmüli
Bürlisberg
621
Staufenberg
44

mit Vita Parcours
Blumberg
705
Steppach
784
Zollhaus
Eisenbahnmuseum
Sauschwänzlebahn
Loh
Zum Berliner Eck
Büchel
Randensteig
800
Haus a.d.Wanne
753
815
Blauer
Biesenbach-Viadukt
Sauschwänzlebahn
Heilin-
buck
Randen
Pappelhof
Löwen
Randen
314
Klausen-hof
EPFEN-HOFEN
Sonnenhof
593
760
Egerstalhof
Bolkopf
778
833
Bahnhof Fützen
600
Am Altweg
800
FÜTZEN
Heidengrab
Neuhaus am Randen
Ättenberg
634
835
Zollgebäude
Mannshopt
Randenhof (Klausenhof)
739
Eichhof
Zoll
Oberbargen
Hofta
777
Worberg
Hölzlehof
Lachenbuckhof
Hoh Hengst
Nider Heng
681
746
Buchhof
924
Halfertäli
800
Bärenwisli
Birchenhof
Ibental
601
Mülital
Neuwis
Bargener Rande
Bühlhof
680
Tobel
651
Iblen
Iblenquelle
848
Schlatterhof
Ättenberg
Längedel
Wannen
Stiegenbrünneli
Schwedenschanze
Hagen
Soohölzli
912
Muren-häldili
Hagenturm
Blaasen
Berglen
Haslenacker
Cheisental
Beggingen
731
600
Uf Neuen
Randenhorn
898
0
550 m
Ob Lucken
Hasenbuck
842
Luckenhalde
800
Burkhalde
Chälen
Heidenbomm
Meris

Das Eisenbahnviadukt in den Wutachflühen.

unterhalb des imposanten **Eisenbahnviadukts** 05. Wir überqueren die Wutach und steigen auf einem schmalen, kehrenreichen Pfad den Waldhang hoch zu den Bahngleisen (Pos. Eisenbahnbrücke). Wir halten uns links und gelangen am Waldende, zuletzt wieder näher am Wasser, zur Pos. **Bahnhof Lausheim-Blumegg** 06. Über Bahngleise und Straße gehen wir hinter dem Gasthaus Wutachschlucht links in den Wald hoch (Unterer Buchweg). Bei Verzweigungen halten wir uns links, überqueren ein Asphaltsträßchen, und steigen zum Schluss wieder deutlich und in Kehren abwärts zur Straße und zur Sauschwänzlestation **Bahnhof Weizen** 07.

Der mächtige Mannheimer Felsen am Weg durch die Wutachflühen.

SCHLUCHSEE – ROTHAUS – „HÜSLI“

Heimatmuseum mit Fernseh-Vergangenheit

15 km | 4:15 h | 269 hm | 269 hm

START | Schluchsee, Rathaus, Parken am Bahnhof [GPS: UTM Zone 32 x: 438.360 m y: 5.296.320 m]
CHARAKTER | Breite Forstwege, Waldpfade und asphaltierte Nebensträßchen.

Die großzügige Rundwanderung vom Schluchsee über (Grafenhausen-)Rothaus und zum Heimatmuseum „Hüsli“ verbindet zwei der beliebtesten Ausflugsziele im Schwarzwald, und das inzwischen auch bundesweit bekannte „Tannenzäpfle“(-Bier) ist eine willkommene Erfrischung auf halber Strecke.

▶ Vom **Rathaus** 01 in Schluchsee, bei der Tourist-Info, gehen wir rechts die Fischbacher Straße hinab, unterhalb der Kirche vorbei, zur Pos. Alte Schmiede. Hier folgen wir links der **Faulenfürster Straße**, vorbei an der **Abzweigung** rechts nach **Seebrugg** 02, in Richtung Rothaus (gelbe Raute). Kurz nachdem links der Untere Mühlenweg abgebogen ist, endet der Gehweg neben der Faulenfürster Straße und wir biegen links in den nicht asphaltierten **Kellermannweg** 03 ab (gelbe Raute). Der schmale, schattige Waldweg zieht durch den Wald hoch, wir folgen

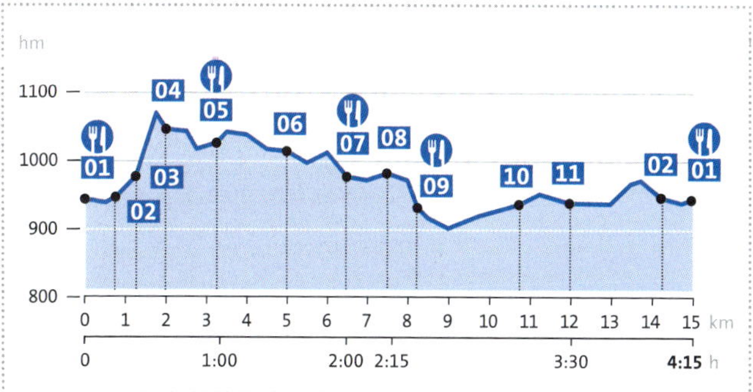

01 Schluchsee, Rathaus, 942 m; 02 Abzw. Seebrugg, 945 m; 03 Kellermannweg, 975 m; 04 Fohrenbühl, 1044 m; 05 Faulenfürst, 1024 m; 06 Dürrenbühl, 1012 m; 07 Rothausbrauerei, 975 m; 08 Hüsli, 980 m; 09 Brünlisbach, 930 m; 10 Mettma-Überquerung, 935 m; 11 Seebrugg, 937 m

Rathaus und Tourist-Info in Schluchsee.

der Gelbmarkierung über eine Verzweigung hinweg, folgen dem Schild Wurzelpfad und Glasweg und erreichen, zum Schluss leicht fallend, die Pos. **Fohrenbühl** **04**. Folgen weiter dem Glasweg, bis dieser rechts abknickt.

Geradeaus via Faulenfürst (gelbe Raute) erreichen wir den Wald-

rand und wandern nun auf Asphalt zur Autostraße hinab. Auf einem schmalen, straßenbegleitenden Asphaltfußweg erreichen wir **Faulenfürst** **05**. Beim Gasthof Rössle, an der Pos. Faulenfürst, biegen wir links in die Straße Zum Bildstöckle und wenig später rechts in den Schnupferweg ab. Ein paar Meter später verlassen wir den Asphalt und schwenken nach rechts in einen grasigen Alleeweg ein.

Wir stoßen wieder auf Asphalt, scharf links ist die zur Zeit wegen Waldarbeiten gesperrte Hochstraße ausgeschildert, daher folgen wir dem Asphaltsträßchen am Waldrand entlang. Nach einer freien Wiesenfläche mit herrlichem Ausblick rechts bis in die Schweizer Schneeberge, stoßen wir auf die von links kommende Hochstraße und sind wenig später am Ortsschild **Dürrenbühl** **06**, rechts taucht eine kleine Kapelle mitten in den Wiesen auf.

Die kaum befahrene Straße steigt in einer Rechtskurve leicht an, wir passieren links eine interessante Skulptur (Quellgeist) und gelangen zur Pos. Dürrenbühl. Auf gekiestem Fußweg geht es hinab zur **Brauerei Rothaus** **07**, die wir auf dem **Zäpfleweg** umrunden.

Vorbei am Brauereigasthof marschieren wir zum Kreisverkehr und zur Pos. Rothaus, überqueren die Straße und folgen der blauen Markierung Richtung Hüsli. Vorbei an der riesigen T**annenzäpfle-Skulptur** gelangen wir zur Tourist-Info und schwenken links zum nahen Heimatmuseum **„Hüsli"** **08**. Wir umlaufen das Hüsli, kehren zurück zum Kreisverkehr und gehen

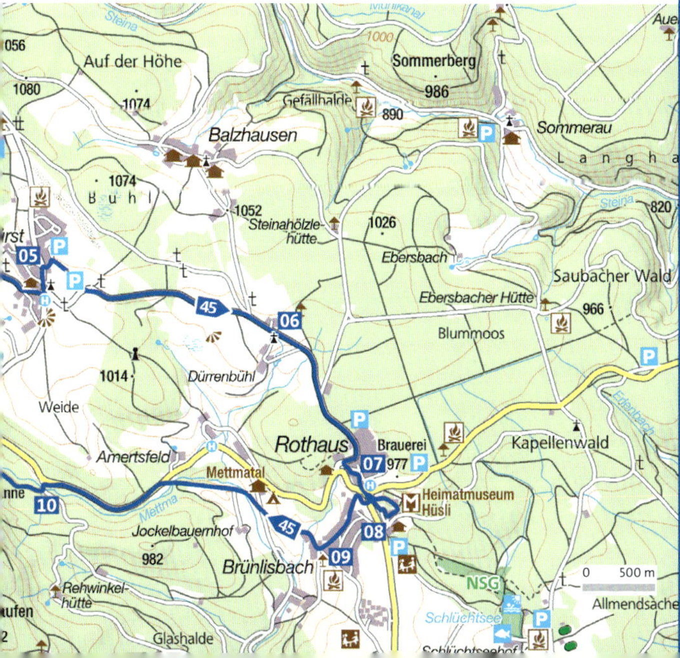

Das Heimatmuseum „Hüsli".

die Straße links hinab. Auf dem asphaltierten Gehweg durchqueren wir **Brünlisbach** 09, biegen am Straßenende rechts ab (gelbe Raute). Vorbei am Rothaus-Camping (dem ehem. Campingplatz Speckhuisli) wandern wir auf der nicht mehr asphaltieren Alten Rothauser Landstraße leicht abwärts zur Autostraße, überqueren sie und folgen einem leicht ansteigenden Waldweg.

Kunstwerk „Tannenzäpfle" bei der Rothaus-Brauerei.

Wir überqueren die Straße erneut, gehen über den **Mettma**-Bach 10, und schwenken rechts in einen breiten Forstweg, der uns leicht ansteigend nach **Seebrugg** 11 bringt. Über die B500 folgen wir dem Geh-/Radweg neben der Straße. Beim Seehotel Hubertus überqueren wir die Autostraße und wandern auf dem zunächst leicht ansteigenden Waldweg Richtung Schluchsee.

Vorbei an einer Hütte mit Infotafel (Walderlebnispfad Kohlgrube) stoßen wir auf die **Faulenfürster Straße** 02, halten uns links und marschieren auf dem Hinweg zurück zum Ausgangspunkt.

SCHLUCHSEER JÄGERSTEIG

Auf hohen Pfaden über dem Schluchsee

11,75 km | 4:00 h | 287 hm | 287 hm

START | Wanderparkplatz Im Wolfsgrund, Schluchsee [GPS: UTM Zone 32 x: 438.090 m y: 5.296.720 m]
CHARAKTER | Breite Landwirtschaftswege und schmalere Waldpfade, Gipfelbereich am Bildstein etwas steiler und felsig, zum Schluss schöner Uferweg.

Vom Parkplatz **Wolfsgrund** 01 gehen wir durch die Straßenunterführung, halten uns links und folgen dem Kiesweg. Wenige Meter nach Überqueren der Autostraße stoßen wir rechts auf das große **Eingangsportal** 02 zum Jägersteig.

Ein schmaler Pfad führt an einer Buschreihe entlang zum Wald, rechts oben ist der Riesenbühlturm über den Baumwipfeln zu erkennen. Wir überqueren einen kleinen Bach und betreten dichten Wald. Nach einer Lichtung und einem kreuzenden Forstweg steigen wir leicht an, der Weg wird schmäler, wurzeliger und kehrenreicher. Wir stoßen auf eine breite Kiesstraße, folgen dem Oberen Stutzweg (Jägersteig-Mark.) leicht ansteigend nach rechts und knicken wenig später bei der **Stutzhütte** 03 erneut rechts ab in einen schmalen Waldpfad. Hinter der Hütte geht es in Linkskehren weiter durch den Wald hoch, vorbei an einer Aussichtsstelle mit Blick zum

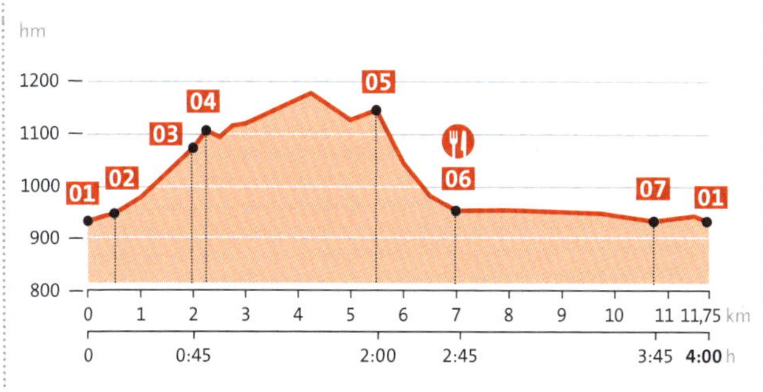

01 Parkplatz Wolfsgrund, Schluchsee, 930 m; 02 Jägersteig-Portal, 945 m; 03 Stutzhütte, 1070 m; 04 Hanselefelsen, 1103 m; 05 Bildstein, 1142 m; 06 Unteraha, 950 m; 07 Amalienruhe, 930 m

Das große Eingangsportal zum Jägersteig.

Schluchsee (**Hanselefelsen** 04), und wieder zu einer kreuzenden Forststraße, der wir links folgen.

In leichtem Auf und Ab folgen wir den Jägersteig-Markierungen, kreuzen mehrfach Forststraßen und treffen auf Grenzsteine und ein Infoschild zum Dreiländereck (hier verläuft der Jägersteig auf der Grenze zwischen Staatswald und Fürstenbergischem Waldbesitz). Wir passieren weitere Infotafeln, haben die Möglichkeit nach links einen kurzen Schlenker über einen neuen Pirschpfad zu machen.

Leicht abwärts gelangen wir zur Pos. Am Winterwald und stoßen auf den kreuzenden Schluchtensteig. Wir steigen nach links zunächst etwas steiler an, kommen zur Pos. Am Bildstein und gehen die wenigen Meter hoch zum aussichtsreichen **Bildsteingipfel** 05, zuletzt über Steinstufen. Wieder zurück zur Verzweigung und rechts auf schmalem, kehrenreichen Pfad, teils etwas steiler, schlängeln wir uns den Waldhang hinab, etwas unterhalb des Gipfels passieren wir noch eine herrliche Aussichtsstelle mit Tisch und Aussichtsliegen.

Eine scharfe Linkskehre folgt, rechts eine Abzweigung zum Windgfällweiher, der Weg wird lichter und auch gerölliger und bringt uns stetig bergabführend zur Pos. Bildsteinweg. Wir bleiben geradeaus, wandern weiter abwärts zur bereits sichtbaren Eisenbahnunterführung und unter der B500 hindurch nach **Unteraha** 06 zur Pos. Aha-Auerhahn.

Hier schwenken wir links in den flachen Seerundweg ein, dem wir bis zur **Amalienruhe** 07 folgen. Da der am Wasser entlang führende Weg neu gemacht wird, nehmen wir links den breiten Seeweg, der uns an den Gleisen entlang zu einer Holztreppe bringt, über die wir die Bahn überqueren. Auf der Straße Im Wolfsgrund wandern wir zurück zum Ausgangspunkt.

Die letzten Steinstufen vor dem Bildsteingipfel.

SCHLUCHSEE-UFERWEG

Zu Fuß und mit dem Schiff rund um den Schluchsee

9,5 km | 2:45 h | 36 hm | 33 hm

START | Schluchsee-Aha, Parken am Bahnhof
[GPS: UTM Zone 32 x: 435.190 m y: 5.298.100 m]
CHARAKTER | Anfangs schmälerer, dann herrlich breiter Uferweg ohne große Höhenunterschiede mit Aussicht und Zugang zum See.

An der Anlegestelle in **Aha** **01** folgen wir dem Radweg entlang der B500 und biegen vor der Straßenkreuzung links auf einen Fußweg ab, der nicht asphaltiert nahe am Ufer entlang verläuft. Wir stoßen dann auf einen Kiesweg, der rechts von der Menzenschwander Straße herab kommt und folgen ihm nach links.

Über eine **Brücke** **02**, hier ist ein kleiner Teil des Sees abgetrennt, geht es zu einer Wegverzweigung. Wir bleiben links und folgen der Markierung in Richtung Unterkrummen. Zunächst teils ohne Sicht zum See wandern wir auf dem breiten Weg durch den Wald entlang des Ufers. Nur hin und wieder schimmert der Schluchsee durch die Bäume hindurch.

Am Waldende öffnet sich der Blick und wir schlendern aussichtsreich über die Wiesen, an einer aufgelockerten Baumreihe entlang, zum sichtbaren **Unterkrummenhof** **03** hinüber.

An der beliebten und vielbesuchten Einkehrstätte vorbei geht es auf einem breiten Kiesweg zunächst durch niedrigen Wald

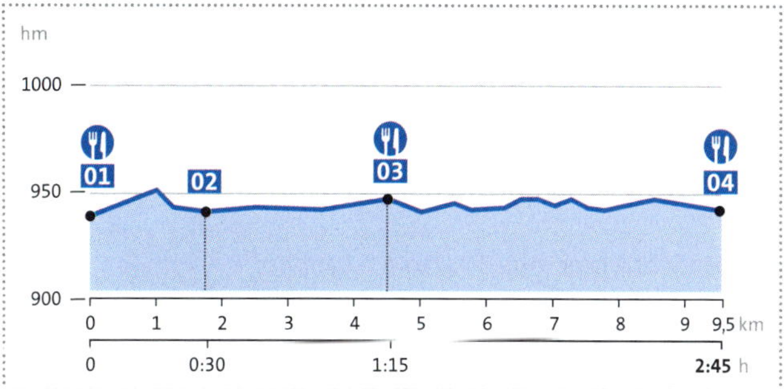

01 Aha, Anlegestelle, 938 m; 02 Brücke, 940 m; 03 Unterkrummenhof, 946 m; 04 Staumauer, 941 m

Der Unterkrummenhof.

bergab bis fast ans Ufer; wir überqueren einen Zulauf und bleiben ziemlich nahe am Seeufer. Nach einer Linkskehre passieren wir links eine Anglerhütte, rechts einen Brunnen, mehrere Bänke säumen den Weg und auch größere Felsblöcke tauchen auf. Wir kommen zur Verzweigung bei der Pos. Unterkrummenweg und folgen links der gelben Raute wieder zum See. Auch hier treffen wir auf große Felsblöcke.

Kurz darauf haben wir die Pos. **Schluchsee-Staumauer** 04 erreicht, von wo wir mit dem Schiff zurück nach Aha fahren.

Blick über den Schluchsee.

TODTMOOSER LEBKÜCHLERWEG

Panoramatour zwischen Himmelsliegen und Rabenschlucht

13,75 km | 4:15 h | 512 hm | 512 hm

START | Weißenbach, Hochkopfhaus, Parkplatz, Bushaltestelle [GPS: UTM Zone 32 x: 423.300 m y: 5.290.380 m]
CHARAKTER | Wald-, Wiesen- und Forstwege, streckenweise schmälere Pfade, Holzsteg in der Rabenschlucht und anschließend steilere und etwas felsigere Passage.

Am **Hochkopfhaus** 01 auf dem Weißenbachsattel starten wir den markierten Lebküchlerweg, der hier auch als Hochkopfweg ausgeschildert ist, links hoch. Nach wenigen Minuten verlassen wir den breiten Forstweg, gehen links ab und wandern auf dem schmalen „Panoramaweg" mit schönem Ausblick nach rechts am Waldrand entlang.

Der breiter werdende Grasweg führt dann leicht bergab, macht einen Rechtsknick und steigt wieder leicht an. Bei einer freien Wiesenfläche zweigen wir scharf links ab und steigen auf schmalem, steilem Pfad zu Almgelände hoch. Über Holzbohlen überqueren wir die Wiesen, gelangen zur Pos. Weitbuche, überqueren linkshaltend einen Kiesweg und gelangen

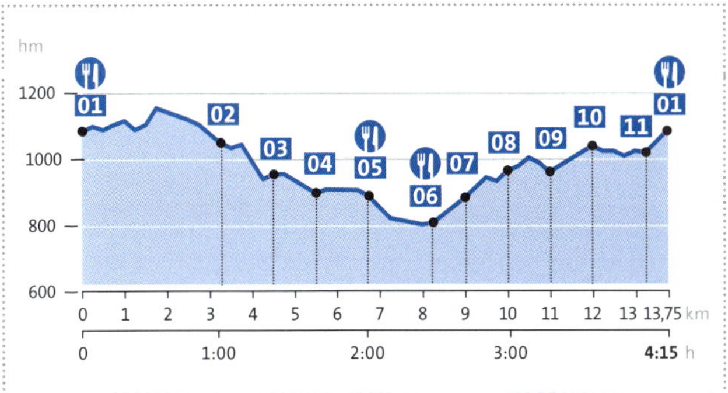

01 Hochkopfhaus, 1080 m; 02 Liebfrauenbrunnen, 1045 m; 03 Kapelle Rütte, 950 m; 04 Wasserfall, 894 m; 05 Hotel Rössle, 885 m; 06 Schwimmbad, 805 m; 07 Rabenschlucht, 880 m; 08 Rudolf-Jordan-Hütte, 961 m; 09 Beim Tannenhof, 957 m; 10 Todtmoos-Lehen, 1035 m; 11 Hochkopfhütte, 1015 m

Vor dem aussichtsreichen Pavillon oberhalb von Rütte.

auf dem Wiesenpfad hoch in den Wald. Pos. Langenwaldweg, Abzw. Weitbuche.

Wir schwenken rechts, folgen dem Forstweg leicht abwärts zur Pos. Unterer Langenwaldweg, Abzw. Prestenberg und knicken rechts ab auf einen anfangs breiten und deutlich abfallenden Waldweg. Der Weg verengt sich zum Pfad

Infos am „Spürnasenweg".

und führt steiler hinab zur Straße, einem Kreuz und zum **Liebfrauenbrunnen** 02.

Über der Straße biegen wir rechts in einen schmalen Waldpfad, und erneut rechts steiler hinab, an Felsen und Steinblöcken vorbei. In Kurven schlängelt sich der Pfad abwärts, wir passieren einen **Aussichtspavillon**, und folgen den Lebküchler-Markierungen, die uns auf wurzeligem Pfad, teils an Felsen entlang, in ein Bachtal hinab führen. Zweimal überqueren wir den Bach, dann verlassen wir den Wald, wandern über Wiesen zu einem breiteren Landwirtschaftsweg, der uns wieder leicht fallend zu den Häusern von **Rütte** und zur Pos. Am Beerebühl bringt.

An einem wimpelgeschmückten Bauernhaus (Druiden-Kraftplatz) und vor einem Yogahaus schwenken wir rechts hoch zur **Kapelle** 03 (Pos. Todtmoos-Rütte). Rechtshaltend, an einem Psychiatriezentrum vorbei, biegen wir bei einem Brunnen links ab und folgen rechts einem nicht mehr asphaltierten Feldweg, der uns mit Auf und Ab zu den **Todtmooser Wasserfällen** **04** führt.

Über Treppen abwärts, an Wasserfällen vorbei, steigen wir auf der anderen Seite kehrenreich und über Stufen wieder an und stoßen beim Ortsschild Hintertodtmoos auf die Straße. Wir überqueren sie und wandern auf dem zunächst asphaltierten Philosophenweg hoch. Durch kurze Waldstücke und über freie Wiesen erreichen wir über diesen schönen Hangpfad die ersten Häuser und Asphalt. Nach der Josefskapelle halten wir uns links und gelangen über eine Wiese zum **Naturparkhotel Rössle** **05** hinab. Am Hotelparkplatz biegen wir links ab, gehen vorbei am Tennisplatz und durch ein kurzes Waldstück steil hinab zur Autostraße. Wir überqueren sie und wandern weiter abwärts zur Pos. Todtmoos-Höfle. Entlang der Freiburger Straße gehen wir vor bis zur Brücke, biegen dann links ab, passieren das Rathaus und folgen der Markierung zum Schwimmbad.

„Lebküchler“

Die Todtmooser Frauen verköstigten in früheren Jahrhunderten die Wallfahrer und Pilger am Aufgang zur Wallfahrtskirche „Unserer Lieben Frau von Todtmoos“ unter anderem mit Lebkuchen, dem Pilgerbrot. So erhielten sie den Namen „Lebküchler“, wie die Einwohner von Todtmoos in der Region noch heute genannt werden.

Am Todtmooser Wasserfall.

Hinter dem **Schwimmbad** 06 treffen wir auf den offiziellen Startpunkt des Lebküchlerwegs und eine große Info-Tafel.

Wir folgen dem Bach, überqueren ihn nach links und sind wenige Meter später wieder an der Freiburger Straße und der Pos. Todtmoos-Rütte. Wir halten uns rechts, und gehen an einem Bach entlang, den wir mehrmals überqueren, in die **Rabenschlucht** 07 hinein. Nach einer scharfen Linkskehre steigt der Weg steiler an, wird wurzeliger und felsiger, und führt uns am Waldrand auf dem „**Spürnasenweg**" an vielen holzgeschnitzten Tierfiguren vorbei zur Pos. beim Schwarzfelsen. Wir biegen rechts ab, wandern auf ein kleines Plateau hinauf (Tische, Bänke), dann geht es wieder leicht hinab, und wir dürfen die Abzweigung rechts nicht verpassen, die an weiteren Tierfiguren vorbei zur **Rudolf-Jordan-Hütte** 08 hinauf weist. Oberhalb der exponierten Aussichtshütte ein hoher Antennenmast und die Pos. Scheibenfelsen. Geradeaus weiter, eine große Lichtung überquerend, geht es nach einem Waldstück in einer weiten Linkskehre bergab zur **Pos. Beim Tannenhof** 09, zuletzt wieder auf Asphalt. Wir überqueren die Autostraße, gelangen über Wiesen zur L146, die wir ebenfalls überqueren, und wandern in großen Kehren ansteigend hoch zur **Pos. Todtmoos-Lehen** 10.

Wir halten uns rechts und nach einem kurzen Waldstück traversieren wir leicht bergab über den Wiesenhang hinab zur Landesstraße, schwenken aber kurz vor ihr nach links und steigen auf einem steinigeren Pfad, vorbei an der **Hochkopfhütte** 11, und zwischen Skimasten hindurch, zum Sattel hoch. Rechts taucht ein mächtiges Steintor auf (Westweg, Tor zum Wehratal) und wenige Meter später sind wir am **Hochkopfhaus** ("Zum Auerhahn") 01.

ZELLER BLAUEN • 1077 m

Aussichtswanderung über dem Wiesental

16,75 km | 5:15 h | 596 hm | 596 hm

START | Zell im Wiesental, Parkplatz am Bahnhof, Bahnhofstraße [GPS: UTM Zone 32 x: 413.620 m y: 5.284.210 m]
CHARAKTER | Wald-, Forst- und Wiesenwege, streckenweise asphaltierte Nebensträßchen, der Wiesenpfad nach der Käserner Linde ist etwas verwachsen.

Vom **Parkplatz** 01 neben dem Endbahnhof der Wiesentalbahn gehen wir auf dem Gehweg neben der Bahnhofstraße Richtung Stadtmitte, biegen mit der Kirchstraße links ab und folgen nach der Kirche rechts dem steil ansteigenden, zunächst geplättelten, dann asphaltierten Blauener Weg hoch zum Waldrand und zur Pos. Wasserreservoir. In einer Linkskurve am Waldrand entlang steigen wir kontinuierlich durch hochstämmigen Wald an. Bei der Pos. Kalter Bühl kreuzt ein Fahrweg, wir folgen der blauen Markierung geradeaus und erreichen eine **Kuppe** 02.

Hier schwenken wir nach rechts, wandern flach durch lichten Wald zu einer Verzweigung und biegen links ab (blaue Mark.). Bald erreichen wir das Waldende, erreichen sehr aussichtsreich ein Asphaltsträßchen, folgen ihm links

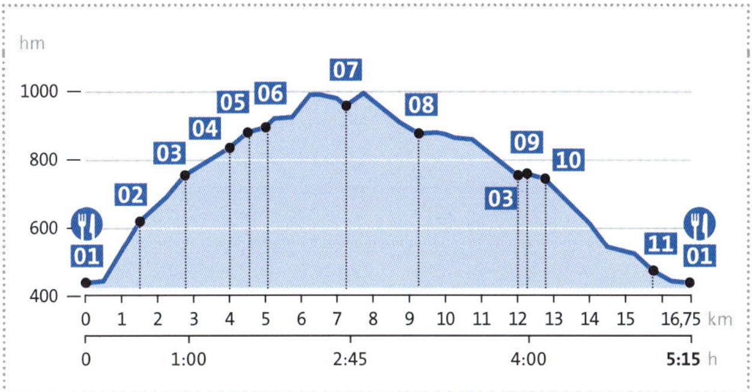

01 Zell i. W., 435 m; 02 Kuppe, 615 m; 03 Pos. Bernhardshütte, 750 m; 04 WP Blauen, 830 m; 05 Blauener Ebene, 875 m; 06 Kopp-Hütte, 890 m; 07 Wolfsacker, 953 m; 08 Käserner Linde, 872 m; 09 Bernhardshütte, 755 m; 10 Pos. Blauen, 740 m; 11 Friedhof, 470 m

Herrlicher Weitblick über das Wiesental.

und steigen vor dem ersten Haus auf einem Waldweg rechts hoch zur Wegeverzweigung bei der Pos. **St.-Bernhards-Hütte** 03. Linkshaltend folgen wir leicht ansteigend über Wiesengelände der Markierung zu einer Straßenkehre und zum **Wanderparkplatz Blauener Ebene** 04.

Die „Käserner Linde".

Am Waldrand entlang, vorbei an der Pos. Oberblauen, stoßen wir auf eine Verzweigung bei der **Pos. Blauener Ebene** 05 und steigen rechts leicht an zur nahen **Karl-Kopp-Hütte** 06. Bei der nächsten Verzweigung folgen wir dem rechten, leicht ansteigenden Weg (blaue Raute) und erreichen mit mehrfachem Auf und Ab über den Oberen Spinneckweg und den Hirzenkopfweg die Hütte bei der **Pos. Wolfsacker** 07.

Ein paar Meter zurück schwenken wir nach links in den Bubshornweg und folgen der blauen Raute via Zell. Bald fällt der Waldweg ab und bringt uns ans Waldende. Mit herrlicher Aussicht passieren wir ein Haus rechts vom Weg, schwenken rechts ab, an einer Aussichtsbank vorbei und wandern in einer Linkskehre unterhalb des Waldes leicht abwärts am Wiesenhang entlang. Links unten

Kastelhöfe
607 Sonnhalden
Schanze
997
1035
Bachgraben
Horn
996
Kaibbühl
706
Mutiger
728
Ahörnle
Tannenkopf
967
791
Scheurenhof
Ittenschwand
07
Wolfsacker
Mühlebach
Schnapstanne
Schweineweg
Am Käsernhof
Oberhepschingen
Elbenhof
763
Katzengraben
Buck hütte
Hirschkopf
1053
Bubshorn
1032
880
Elbenschwand
Wacht
Unterer Boden
Scheuerleberg
629
766
Langensee
Großer Schlag
Käsern
Schloßberg
849
08
Enge
639
Äußerer
Hellbühl
06
847
Ochsenstelle
Kopp-Hütte
PFAFFENBERG
Hofkäserei
Stöckleplatz
944
05
Zeller Blauen
Blauener Ebene
1077
Schlüssel
Bergklause
(Maria Frieden)
04
Geisackerhütte
Oberblauen
Frommensried
940
Blauen
770
10
Nordic Walking
Zeller Bergland
03
Hirschbühl
756
09
Leisenberg
600
Bienenhof
ADELSBERG
Eichwald
641
02
Kalter Bühl
GRESGEN
Gebetsbühl
699
Oberer Henschenberg
Freiatzenbach
744
Hörnle
11
508
Schänzle
673
Textil-mus.
Unterer Henschenberg
Kalvarienkap.
Hüttenweg
Rümmelesbühl
775
ZELL
01
im Wiesental
443
Möhrenberg
619
Einsame Tanne
Hohler Grund
Liebeck
Dreibein-hütte
Tannenbühl
727
Möhrenstr.
416
0
500 m
Rotruh
Hohe Möh
Glaskopf
Nesselgraben-hütte

Zell im Wiesental, mit Schwanenteich und Kirche.

tauchen einzelne Höfe auf, der Forstweg geht in ein asphaltiertes Sträßchen über und leitet uns zum **Naturdenkmal Käserner Linde** **08**, eine 265 Jahre alte und 38 m hohe Sommerlinde.

100 m weiter abwärts verlassen wir das Asphaltsträßchen und biegen auf einen Wiesenweg (blaue Raute) ab, der flach und aussichtsreich, teils etwas verwachsen, am Hang entlang zum Waldrand und zur Pos. Käserntanne verläuft.

Der schmäler werdende Waldpfad führt am mäßig geneigten Waldhang entlang, zunächst flach, fällt dann aber deutlich stärker ab zu einem kreuzenden Forstweg und der Pos. Grüben, St. Bernhardshütte. Weiter abwärts durch Wald, dann über freie Wiesen stoßen wir auf ein Asphaltsträßchen und folgen ihm rechts zur Pos. **St.-Bernhards-Hütte** **03**. Wir machen links einen Abstecher zur riesigen **Bernhardshütte** **09**.

Zurück zur Verzweigung orientieren wir uns Richtung Zell (Gelbmarkierung), passieren das Ortsschild von Blauen und gehen links bergab Richtung Adelsberg. Das Asphaltsträßchen führt an der **Pos. Blauen** **10** vorbei und in Kehren leicht bergab. Bei einer scharfen Linkskehre über einen Bach verlassen wir den Asphalt und folgen einem Waldweg, der uns am Bach entlang stetig abwärtsführend zur Pos. Kühlloch bringt. Wir folgen dem Schild Zell-Friedhof, weiter abwärts am Bach entlang, überqueren zwei Brückchen, und kurven auf dem breiten Weg durch den Wald hinab. Dann wird es lichter, wir treffen auf Asphalt und die Pos. **Friedhof** **11**, schwenken links und wandern unterhalb des Friedhofs Richtung Kirche. Bei der Einmündung des Sonnenwegs steigen wir rechts über ein paar Stufen bergab (gelbe Raute) zum Schwanenweiher und links zur Kirchstraße. Auf dem Hinweg dann zurück zum **Bahnhof** **01**.

HOCHBLAUEN • 1165 m

Zum Hausberg des Markgräflerlands

15 km | 4:15 h | 753 hm | 753 hm

START | Badenweiler, Parkplatz am Schlössle, Kanderner Straße [GPS: UTM Zone 32 x: 400.350 m y: 5.294.500 m]
CHARAKTER | Wald-, Forst- und Wiesenwege, der Schlussanstieg zum Blauen ist kehrenreich und steiler, teils Graspfad; auch im Abstieg streckenweise steilerer Waldpfad.

▶ Vom **Parkplatz** 01 beim Tennispark Badenweiler folgen wir rechts auf einem Fußweg der gelben Markierung. Ein leicht ansteigender Kiesweg bringt uns im Wald, nahe am Waldrand, hoch zur Pos. Badenweiler-P Süd. Hier zweigen wir links ab und marschieren auf einem breiten Forstweg durch den Wald in Richtung Sophienruhe, passieren die **Pos. Blaue Steine** 02, und folgen geradeaus leicht ansteigend der blauen Raute. Wir gelangen zu einer Lichtung und steigen in einem Rechtsbogen hoch zur sichtbaren **Sophienruhe** 03 (Aussichtspunkt, Schutzhütte).

Weiter bergauf, zunächst mit schönen Ausblicken rechts hinab nach Badenweiler und ins Tal, wird es aussichtsloser. Wir überqueren eine Autostraße, steigen weiter auf schmalem Pfad (blaue Raute) an und passieren mehrere Info-

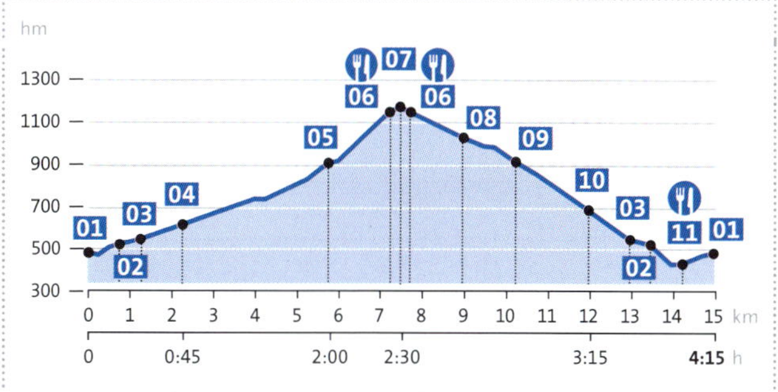

01 Badenweiler, Tenniszentrum, 475 m; 02 Pos.Blaue Steine, 515 m; 03 Sophienruhe, 540 m; 04 Alter-Mann-Hütte, 610 m; 05 Hirschmatthütte, 900 m; 06 Blauenhaus, 1140 m; 07 Hochblauen, 1165 m; 08 Fischersbrunn, 1020 m; 09 Belchenblick, 907 m; 10 Prinzensitz, 680 m; 11 Schlossplatz, 425 m

Badenweiler mit Kurpark und Schloss.

tafeln zum Thema Bergbau. Nach einer felsigen Stelle (Infotafel: Quarzriff am Alten Mann) erreichen wir auf dem teils etwas ausgesetzten Hangpfad die markante **Hütte 04** bei der **Pos. Alter Mann**.

Wir steigen links zu einer Forststraße hoch (Pos. Moosbachstraße) und folgen ihr rechts leicht ansteigend (gelbe Raute) durch lichten Wald. Bei der Verzweigung Hohleichweg/Moosbachstraße zweigt links die Strecke Hochblauen-Berglauf ab, wir bleiben rechts auf der Forststraße, die einen großen Linksbogen macht und durch den dunklen Wald weiter ansteigt.

Nach einer Rechtskehre tauchen links am Weg Felsen auf, der Weg fällt kurzzeitig leicht ab, und wir gelangen zur Pos. Moosbach. In zwei steilen Kehren (gelbe Rau-

Das Blauenhaus.

te) auf einem schmalen Pfad den Waldhang hoch, dann folgt eine längere Rechtstraverse.

Wir stoßen auf eine Forststraße, folgen ihr zur Pos. Schöne Aussicht und gelangen dann in leichtem Auf und Ab zur **Pos. Hirschmatthütte** **05**. Auf schmalem Pfad, der sehr steil ansteigt, und über etliche enge Kehren stoßen wir auf die Fahrstraße, gehen ein paar Meter rechts, überqueren sie und biegen links auf einen breiten Forstweg ab (gelbe Raute).

Nach 50 m zweigt rechts ein etwas verdeckter Pfad ab, der steil in den Wald hoch führt und wieder die Autostraße kreuzt. Über ein nicht markiertes Weglein durch verwachsenes Grasgelände stoßen wir dann, die Hochblauen-Türme über uns, erneut auf die Fahrstraße. Rechts von uns ist das wenige Meter entfernte **Blauenhaus** **06**, und auf einem Kiesweg erreichen wir links den luftigen Aussichtsturm am **Hochblauengipfel** **07**.

Vom Blauenhaus folgen wir der gelben Markierung durch den Wald Richtung Fischersbrunnsattel hinab, auf schmalem, teils verwachsenem Hangpfad. An der Kreuzung schwenken wir links (blaue Raute) und marschieren auf dem breiten Forstweg bergab zur Straße bei der **Pos. Fischersbrunn** **08**.

Wir überqueren sie, stoßen auf eine flache Forststraße, auf der wir in einer Linkskurve zur Pos. Hirzmättle gelangen. Mit der gelben Raute orientieren wir uns

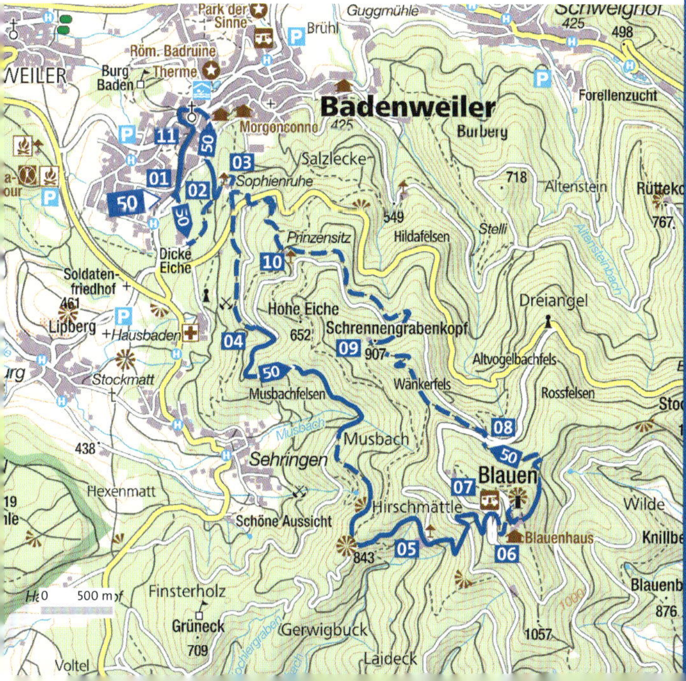

Auf dem Weg zum Aussichtsturm am Hochblauengipfel.

Richtung Landkutschenfels und steigen stärker in den Wald ein. An Felsen vorbei kommen wir zu einem schönen Aussichtspunkt mit Geländer.

Wir traversieren weiter bergab am Waldhang entlang, passieren die Unterstandshütte **Belchenblick** **09** und stoßen nach etlichen Kehren auf die Hütte am **Prinzensitz** **10**. Auf schmalem Pfad geht es kehrenreich, teils ordentlich steil bergab, über die kreuzende Autostraße hinüber und rechtshaltend zur nahen **Sophienruhe** **03**. Auf dem Hinweg erreichen wir die **Pos. Blaue Steine** **02** und knicken hier rechts ab in Richtung Badenweiler. Steil bergab gelangen wir auf den Pfarrwaldweg und erreichen an Häusern vorbei die Kaiserstraße, die uns links zum **Schlossplatz** **11** leitet. Entlang der Blauenstraße wandern wir leicht ansteigend, am René-Schickele-Brunnen vorbei, zurück zum **Parkplatz** **01** beim Tennispark.

BADENWEILER – RUINE NEUENFELS • 595 m

Von römischen Thermen zu Schwarzwälder Burgruinen

12 km | 4:00 h | 380 hm | 380 hm

START | Badenweiler, Parkplatz am Schlössle, Kanderner Straße [GPS: UTM Zone 32 x: 400.350 m y: 5.294.500 m]
CHARAKTER | Asphaltierte Nebensträßchen, Wald- und Wanderwege, im Bereich der Ruine teils schmaler, wurzeliger Pfad.

Vom **Parkplatz** 01 am Tennispark Badenweiler gehen wir auf einem asphaltierten Fußweg links hinab zum René-Schickele-Brunnen und weiter auf der Blauenstraße zum **Schlossplatz** 02. Rechts über die Kaiserstraße gelangen wir in die Ernst-Eisenloher-Straße, passieren die Cassiopeia-Therme, den Anton-Tschechow-Platz und das Literaturhaus und biegen in Höhe des Einkaufszentrums Treff 3000 rechts in die Brühlstraße ab. Der Asphalt endet hier und wir schwenken links in einen Landwirtschaftsweg ein, der uns aussichtsreich leicht bergab zur Autostraße bringt. Wir überqueren die L131 und steigen die Schwärzestraße leicht ansteigend Richtung Wald hoch. Nach ein paar Metern, bei der Pos. Köhlerpromenade, knickt rechts der markierte **Bettlerpfad** 03 ab, der uns ordentlich ansteigend durch den Wald hoch zum Wanderparkplatz Schwärze führt.

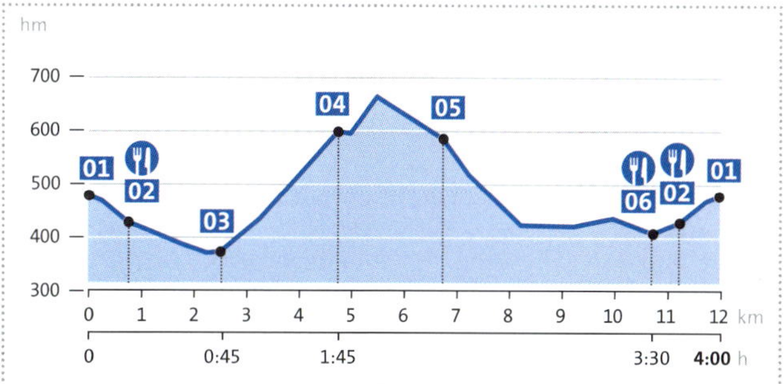

01 Badenweiler, Parkplatz am Tennispark, 475 m; 02 Schlossplatz, 425 m; 03 Bettlerpfad, 370 m; 04 Ruine Neuenfels, 595 m; 05 Kohlplatz, 582 m; 06 Eisenloher-Str., 405 m

Ruine Neuenfels.

Wir biegen rechts ab, folgen dem nicht asphaltierten, teils wurzeligen Weg am Waldhang entlang in Richtung Ruine Neuenfels.

Bei einer scharfen Linkskehre überqueren wir einen Bach, stoßen auf zwei kreuzende Forstwege, bleiben weiter ansteigend geradeaus und gelangen zur Pos. Ruine Neuenfels. Über einen steilen Steig geht es die letzten Meter hoch zur aussichtsreichen **Ruine** 04, die einen fantastischen Rundumblick gewährt.

Unterhalb der Ruine folgen wir der Markierung Kohlhof, umrunden die Gemäuer auf einem steinigen Pfad. Wir gelangen auf eine Kuppe, in der Kurve kreuzt ein breiter Weg und es geht langsam bergab. Der breite Weg fällt dann steiler ab und wir schwenken bei einer Verzweigung links in den Lausbergweg ein, der am Waldrand entlang weiter abwärts führt und uns zum **Kohlplatz** 05 (Unterstandshütte, Grillplatz) bringt.

Wir folgen rechts dem breiten Forstweg abwärts durch aussichtslosen Wald, passieren die Pos. Untere Brudermatt, halten uns rechts Richtung Schweighof und gehen auf dem Alten Holderweg weiter bergab. Am Waldende treffen wir auf Häuser und folgen geradeaus der asphaltierten, leicht abfallenden Bergstraße. Die kreuzende Fahrstraße kurz links und beim Rathaus rechts in die Lindenstraße abbiegen. Zunächst auf einem Gehweg, dann auf einem schmalen Kiesweg entlang der Straße marschieren wir in Kehren am Waldrand entlang Richtung Badenweiler.

Der Kiespfad neben der Badstraße steigt etwas an, nach rechts öffnet sich der Blick ins Tal und wir passieren repräsentative Häuser und Villen auf der linken Seite. Über die Bismarckstraße gelangen wir zur **Ernst-Eisenloher-Straße** 06 und – vorbei am **Schlossplatz** 02 – wandern wir auf dem Hinweg zurück zum **Parkplatz** 01 am Tennispark.

Cassiopeia-Therme in Badenweiler (Ernst-Eisenloher-Straße).

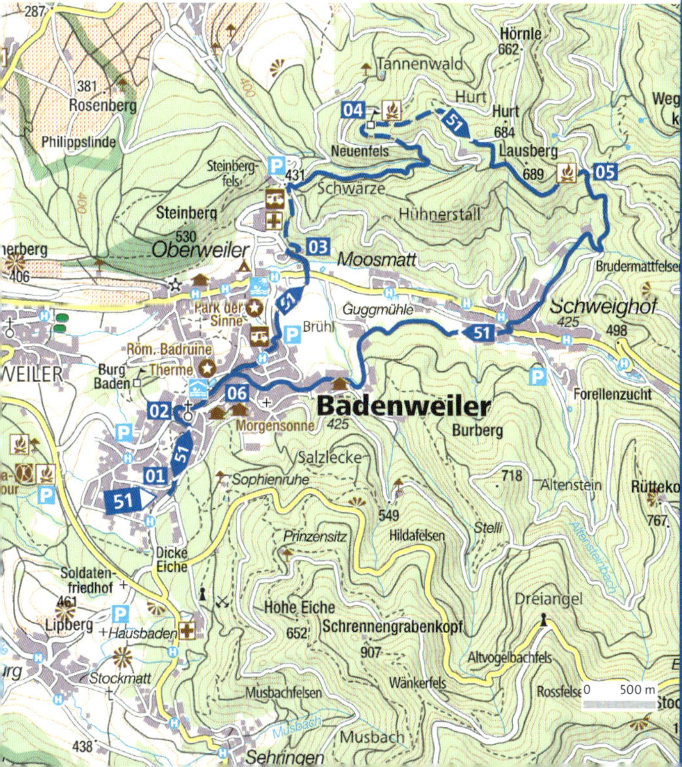

SCHLOSS BÜRGELN – RUINE SAUSENBURG

Schlösser- und Burgenrunde über dem Kandertal

16,5 km | 5:00 h | 617 hm | 617 hm

START | Parkplatz am Bahnhof in Kandern
[GPS: UTM Zone 32 x: 399.250 m y: 5.285.380 m]
CHARAKTER | Asphaltierte Nebensträßchen, Wander- und Waldwege, schmälere Pfade mit teils steileren Abschnitten, der Aufstieg zur Ruine Sausenburg verläuft über steile Holzstufen.

▶ Vom **Bahnhof 01** in Kandern gehen wir kurz links leicht hoch, schwenken dann rechts in die Hebelstraße, mit Blick auf den fernen Hochblauen-Sendeturm. Am Ende der Straße links ansteigend hoch und rechts in den Flühweg abbiegen (gelbe Raute). Oberhalb des Terrassen-Campingplatzes wandern wir am Waldrand entlang, stoßen auf die **Pos. Neuenbürg 02** und verlassen den breiten Forstweg. Wir folgen links einem schmalen Pfad, der in den Wald hochführt und sich schön am Waldhang entlang schlängelt. Bei der Pos. Probstwald stoßen wir auf eine kreuzende Forststraße, halten uns rechts und treffen 100 m später auf ein Asphaltsträßchen, dem links leicht bergauf folgen. Herrliche Aussicht nach

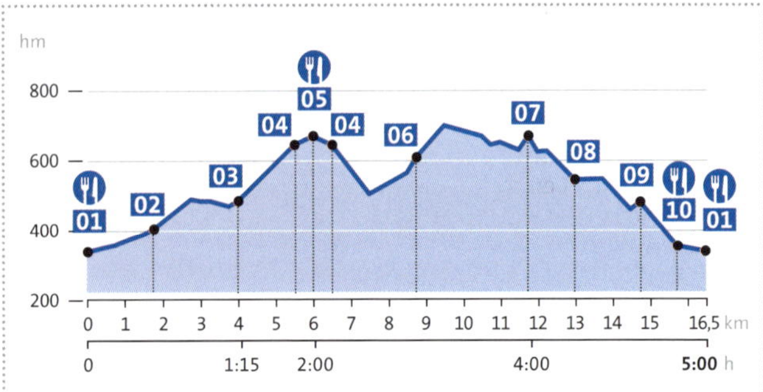

01 Parkplatz, Bhf. Kandern, 335 m; 02 Pos. Neuenbürg, 400 m; 03 St. Johannis Breite, 480 m; 04 Pos. Schlosssattel, 615 m; 05 Schloss Bürgeln, 665 m; 06 Käsacker, 604 m; 07 Ruine Sausenburg, 665 m; 08 Langenebenehütte, 540 m; 09 Aussichtspavillon, 476 m; 10 Kandern, Ochsengasse, 350 m

Schloss Bürgeln.

rechts zum Hochblauen, zum Schloss Bürgeln und zur Ruine Sausenburg.

Nach einer Rechtskehre erreichen wir die **Pos. St. Johannis Breite** 03 (Parkplatz, Bushaltestelle), überqueren die Autostraße und wandern mit der gelben Raute auf dem zunächst asphaltierten Breiliweg leicht ansteigend an. Der Asphalt endet bald und ein sehr aussichtsreicher Kiesweg führt an den Waldrand. Bei einer Bank verlassen wir den breiten Forstweg und biegen links in einen Waldweg ein. Wir überqueren einen Forstweg, gelangen ansteigend zu einer Lichtung, bleiben rechts von ihr und erreichen die Pos. Lindenmattbrünnle.

Rechtshaltend folgen wir dem Schlossweg zur **Pos. Schlosssattel** 04; oben ist bereits das Schloss zu erkennen. Wir umrunden den Waldhang und treffen bei der Pos. Schlossbrünnele wieder auf Asphalt. Wenige Meter rechts hoch und wir stehen vor **Schloss Bürgeln** 05.

Zurück bei der **Pos. Schlosssattel** 04 biegen wir links ab via Sausenburg. Auf dem zunächst ein Stück steil abwärts führenden Weg überqueren wir einen Forstweg und wandern hinab zur Asphaltstraße, der wir links hoch folgen, bis uns die Abzweigung Käsacker/Vogelbach und ein handschriftlich angebrachtes „Sausenburg" nach rechts weist.

In steileren Kehren gelangen wir nach **Käsacker** 06, beim Ortsendeschild biegen wir links in einen nicht asphaltierten Forstweg ein, der zum Wald hoch führt. Über eine Lichtung, mit Blick zum Schloss Bürgeln und zur Ruine Sausenburg, gelangen wir wieder in Wald und kurven relativ flach zur Pos. In den Riesen.

Leicht abwärts stoßen wir auf eine Asphaltstraße und das Ortsschild Vogelbach. Geradeaus, wieder auf Naturweg, folgen wir dem Schild Richtung Sausenburg (rote Raute, Westweg). Auf einem schönen, teils etwas felsigen Waldpfad, der zunehmend abfällt, erreichen wir

Ruine Sausenburg.

die **Ruine Sausenburg** 07, die über steile, geländergesicherte Steinstufen bestiegen werden kann. Zum aussichtsreichen Turm führen eine hölzerne Wendeltreppe und steile Holzstufen hoch.

Abwärts durch den Wald folgen wir der roten Raute zur **Langenebenehütte** 08 und folgen bei der Pos. Langenebene weiter dem Westwegzeichen hinab zum Mohrensattel. Hier verlassen wir den Weg, der nach rechts asphaltiert weiter führt, und gehen geradeaus, leicht ansteigend, auf einem Naturweg zu einem ausgeschilderten **Aussichtspavillon** 09.

Der Weiterweg geht vor dem Pavillon rechts ab und führt, teils über Holzstufen, steil bergab, schwenkt dann flacher werdend nach links und bringt uns hinab zur Pos. Im Loh und zum asphaltierten Franz-von-Sales-Weg. An

Der Aussichtspavillon vor dem Abstieg nach Kandern.

der Kirche wandern wir abwärts zur Pos. **Ochsengasse** **10**, halten uns rechts und folgen der Hauptstraße, am Nudelhüsli und an der Abzweigung zum Heimat- und Keramikmuseum vorbei, zum Marktplatz und weiter zum **Bahnhof** **01**.

TÜLLINGER BERG – BURG RÖTTELN

Panoramawanderung über dem Rheinknie

14,75 km | 4:30 h | 379 hm | 379 hm

START | Wanderparkplatz Obertüllingen, beim Sendemasten [GPS: UTM Zone 32 x: 397.750 m y: 5.272.820 m]
CHARAKTER | Meist breite Wander- und Waldwege, asphaltierte Nebensträßchen, steilerer Fußweg im Abstieg von Burg Rötteln.

Vom **Wanderparkplatz** 01 in Obertüllingen folgen wir links am Sendemasten vorbei dem asphaltierten Tüllinger Weg (gelbe Raute). Herrlicher Ausblick links hinab nach Weil und ins Rheintal. Nach wenigen Metern geht es bergab, zunächst am Waldrand entlang, dann – hier hört der Asphalt auf – in den lichten Wald hinein. Wir gelangen zur Pos. Tüllinger Weg, bleiben am Waldrand entlang und folgen dem auch als Markgräfler Wiwegli ausgeschilderten Naturweg. Vorbei an Weinreben wandern wir über freies Feld, stoßen auf ein Asphaltsträßchen und biegen scharf rechts ab. Zunehmend steiler ansteigend geht es zum Wald hoch (gelbe Raute), wo der Asphalt wieder endet. Über eine Kuppe, wieder leicht bergab, treffen wir auf eine Infotafel zum Tüllinger Wald und auf den **Österreicher Weg** 02, der nach links abzweigt. 10 m rechts ist die Pos. Käferholzen.

Wir gehen am Waldrand entlang (hier ist auch der Westweg mar-

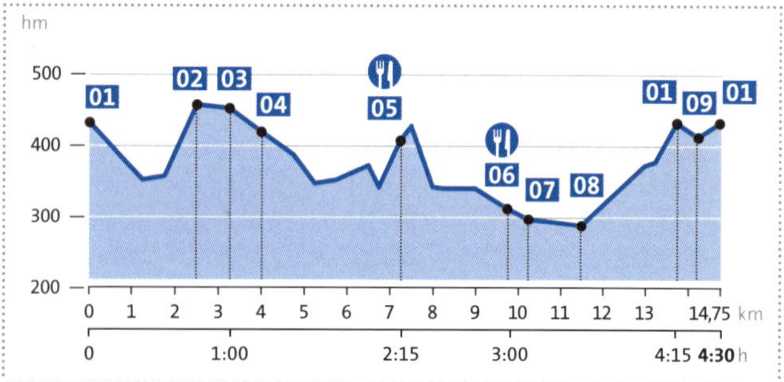

01 Wanderparkplatz Obertüllingen, 430 m; 02 Kuppe/Österreicher Weg, 455 m; 03 Dauerhütte, 450 m; 04 Pos. Luisenhof, 417 m; 05 Burg Rötteln, 405 m; 06 Tumringen, Ghs. Engel, 310 m; 07 Wiese/Tüllinger Brücke, 295 m; 08 Brücke/Steghaldenstraße, 286 m; 09 Ottilienkapelle, 410 m

Die mächtige Burg Rötteln bei Lörrach.

kiert) und stoßen nach einem Linksschwenk in den Wald auf die Pos. Dauerhütte und ein paar Meter später rechts am Waldrand auf die **Hütte 03**. Über freies Feld und mit schönem Ausblick zur Burg Rötteln geht es auf einem Forstweg leicht bergab zur Pos. **Luisenhof 04**.

Wir folgen hier dem kreuzenden Asphaltsträßchen nach rechts, das leicht abfällt und eine tolle Rundumsicht bietet. Bei der Pos. Beim Wasserreservoir folgen wir der breiteren Asphaltstraße nach rechts und biegen vor den ersten Häusern scharf links ab. Wir überqueren eine Autostraße, gehen

Von der Dauerhütte hat man einen schönen Blick in die Rheinebene.

unter der Autobahn hindurch und marschieren rechts leicht ansteigend zu einer Wegekreuzung bei einer Gartenkolonie.

Wir bleiben geradeaus, noch ein paar Meter aufwärts, dann fällt das asphaltierte Sträßlein deutlich ab und wir stoßen auf die Zufahrtsstraße, die links hoch zur Burg führt. Mit ordentlicher Steigung geht es zunächst zum großen Parkplatz und zum Portal Dreiländerweg Lörrach (Westweg), dann in Kehren weiter hoch zur **Burg Rötteln** 05. Eine beeindruckende Anlage mit fantastischer Aussicht.

Beim Abstieg folgen wir dem nicht asphaltierten Fußweg (gelbe Raute, Richtung Rötteln-Weiler), der steil durch den Waldhang bergab verläuft. Wir stoßen wieder auf die Zufahrtsstraße, halten uns aber links, unterqueren die Autobahn und biegen sofort rechts ab Richtung Kirche (gelbe Raute).

Auf dem Nebensträßchen an einer Gartensiedlung entlang kommen wir zur Pos. Kirche Rötteln, schwenken nach rechts bergab und gelangen nach einer Rechtskehre über die Oscar-Grether-Straße in die Burgstraße und zum **Gasthaus Engel** 06 (Pos. Tumringen-Engel). Kurz nach einem Fassadengemälde von der alten Poststelle biegen wir links ab und wandern hinab zur **Tüllinger Brücke** 07.

Vor der Brücke knicken wir rechts ab und folgen dem asphaltierten Wieseuferweg bis zur nächsten **Brücke** 08. Rechts hoch überqueren wir die Straße und folgen halbrechts der Steghaldenstraße, bis links der Langackerweg abzweigt. Mit schöner Aussicht hinab nach Lörrach stoßen wir auf die Abzweigung Bitzeweg, die deutlich stärker ansteigt und uns hoch zur Pos. Tüllingen Hornbrunnenweg bringt.

Ein Stück auf dem Gehweg entlang erreichen wir einen schön geschmückten Brunnen (Pos. Zwetschenweg), halten uns rechts und marschieren auf dem asphaltierten Brunnenweg aus dem Ort. Nach einer Linkskurve wird es stei-

Die Ottilienkapelle auf dem Tüllinger Berg.

ler und wenig später haben wir oben unseren **Ausgangspunkt** 01 erreicht.

Nach rechts machen wir einen Abstecher zur **Ottilienkapelle** 09, zunächst auf dem Zufahrtssträßchen abwärts, dann leicht ansteigend rechts den Markierungen folgen. Wunderbarer Ausblick.

Auf dem Rückweg orientieren wir uns links, umrunden auf dem Kirchweg ein Pferdegestüt und sind kurz darauf wieder am **Wanderparkplatz** 01.

EICHENER SEE – HOHE FLUM • 536 m

Zwischen Aussichtsturm und verschwundenem See

16,5 km | 4:30 h | 293 hm | 293 hm

START | Parkplatz beim Bahnhof Schopfheim, Bismarckstraße [GPS: UTM Zone 32 x: 411.300 m y: 5.277.730 m]
CHARAKTER | Asphaltierte Nebensträßchen sowie meist breite Wander- und Wiesenwege.

Vom Parkplatz vor dem **Bahnhof 01** in Schopfheim folgen wir dem Gehweg entlang der Bahnhof-, dann rechts der Hebelstraße, schwenken im ersten Kreisverkehr nach links in die Schwarzwaldstraße, beim zweiten rechts in die Wehrer Straße und beim dritten biegen wir rechts ab in die Eichener Straße (Hotzenwaldquerweg). Wir überqueren die Bundesstraße und stoßen kurz darauf zur Pos. Eichen, Kirche. Vorbei an der Kirche, passieren wir die Positionen Eichen Hof (hier zweigt rechts ein Weg zur Hohen Flum ab) und Eichen Sonne, folgen links der Hotzenwaldquerweg-Markierung und gehen wieder rechtshaltend zwischen den letzten Häusern hindurch zur Pos. **Eichen Bolzplatz 02**. Der Weg verzweigt sich, wir orientieren uns rechts, bleiben unterhalb der Bundesstraße.

Nach dem Bolzplatz steigt der geteerte Weg leicht an, wird dann flacher und führt uns zur Pos. **Eichener See 03**. Ein mit Holzplatten bestückter Rundweg verläuft

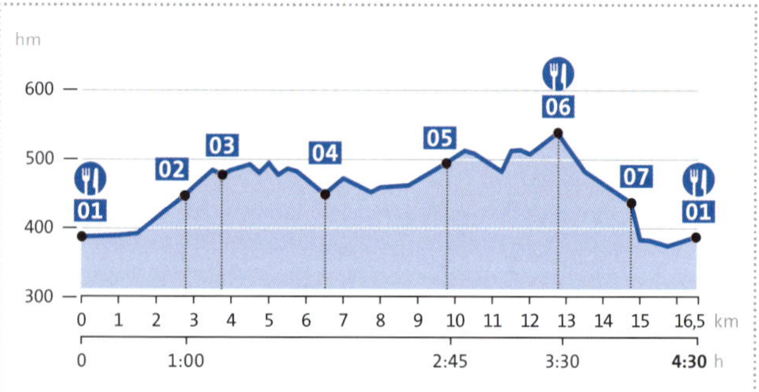

01 Parkplatz, Bhf. Schopfheim, 385 m; **02** Eichen, Bolzplatz, 445 m; **03** Eichener See, 475 m; **04** Pos. Engelsgrund, 447 m; **05** Johanneshütte, 492 m; **06** Hohe Flum, 536 m; **07** Ortsende Wiechs, 435 m

Der Aussichtsturm auf der Hohen Flum.

Nur bei hohem Grundwasserstand ist der durch Holzplatten eingefasste, aber meist verschwundene Eichener See zu sehen.

um den verschwundenen See herum, der 2016 nur kurz im Juni zu sehen war.

Wir gehen zurück zur Pos. Eichener See, biegen links auf ein ansteigendes Asphaltsträßchen ab, das über freies Feld zu einer Kuppe hinauf und wieder abwärts zu einer kreuzenden Asphaltstraße (Pos. Salen) führt. Mit mehreren Richtungswechseln und ständigem leichten Auf und Ab kommen wir zur **Pos. Engelsgrund** 04, queren ein Sträßchen und durchwandern die offene Felderlandschaft. Nach der Pos. Langenkirschbaum endet der Asphalt und wir überqueren nach einem ersten Waldstück die Autostraße. Rechtshaltend, leicht ansteigend, gelangen wir am Waldrand zur **Johannishütte** 05, treten zunächst wieder in den Wald ein und gehen dann am Waldrand entlang zu einer großen Kreuzung (Pos. Greistel). Auf dem einzig nicht asphaltierten Greistelweg leicht abwärts, stoßen wir auf eine Asphaltstraße, der wir 50 m nach links folgen und dann rechts in einen anfangs steilen Waldpfad abzweigen. Am Waldrand taucht links unten Nordschwaben auf, und wir stoßen auf eine schöne Aussichtsstelle, mit Hütte, Bänken und Holzliegen. Vorbei an einer „Erinnerungsrebfläche" gelangen wir abwärts zur Pos. Altreb, überqueren die Autostraße und wandern auf einem Schotterweg kontinuierlich ansteigend über freies Wiesengelände zum sichtbaren Turm hoch. Am nahen **Gasthaus Hohe Flum** vorbei, erreichen wir wenig später den Aussichtsturm der **Hohen Flum** 06.

Zurück zum Gasthaus Hohe Flum, folgen wir dem Asphaltsträßchen links bergab, überqueren die Autostraße und durchwandern **Wiechs** auf dem Gehweg neben der Straße Rebenacker. Am **Ortsende** 07 folgen wir dem Sträßchen in Kehren weiter abwärts, überqueren die Autostraße und marschieren geradeaus nach Schopfheim hinein. Über die Hauptstraße können wir einen Abstecher ins Stadtzentrum machen, bevor wir zurück zum Parkplatz beim **Bahnhof** 01 gehen.

WEHRER SONNENWEG

Auf Sagen- und Jubiläumswegen zur Ruine Werrach

6 km | 2:00 h | 170 hm | 170 hm

START | Parkplatz Ludingarten, beim Alten Schloss in Wehr [GPS: UTM Zone 32 x: 417.800 m y: 5.275.350 m]
CHARAKTER | Wander- und Waldwege, nur kurze Asphaltpassagen, zwischen Ruine und Waldstüble schmälerer Waldpfad.

Vom **Parkplatz Ludingarten** 01 gehen wir, an der Mediathek und am Alten Schloss vorbei, zur Straße vor. Wir biegen rechts ab, überqueren die Wehrabrücke und schwenken sofort links, ein paar Meter abwärts gehend, in den schmalen Wehratalweg ein. Ein paar Meter nach dem überdachten Storchensteg biegen wir scharf rechts ab Richtung Hohe Möhr. Wir steigen am Hang entlang zu Häusern und zum Brückenzugang hoch und folgen links dem zunächst gepflasterten, dann asphaltierten Weg in Richtung Ruine Werrach (Unterer Schlossweg).

Nach Überqueren der Werrachstraße orientieren wir uns am ausgeschilderten **Sagenpfad**, der nicht asphaltiert ordentlich steil am Waldhang entlang hochzieht. Wir passieren auf dem Serpentinenweg etliche Infotafeln und Skulpturen, halten uns bei einer Wegteilung rechts und gelangen weiter ansteigend zur **Ruine Werrach** 02 und einem überdachten Aussichtspavillon.

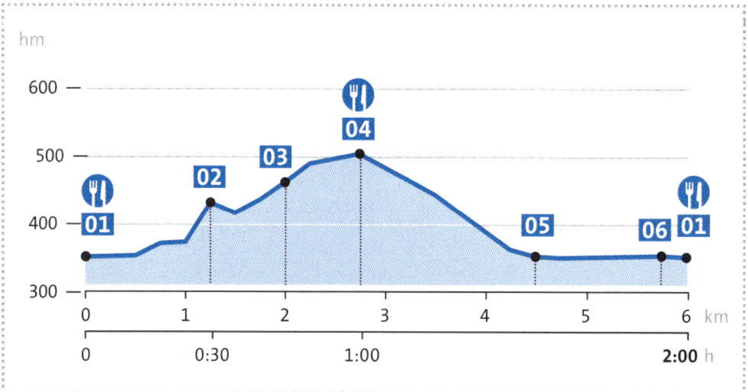

01 Parkplatz Ludingarten, 350 m; 02 Ruine Werrach, 430 m
03 Bolzplatz, 460 m; 04 Waldstüble, 502 m; 05 Unterführung, 351 m;
06 Bahnbrücke, 352 m

Der informative Sagenweg begleitet uns hoch zur Ruine Werrach.

Der Abstieg verläuft über die Schloss- zur Hachbergstraße, beim Wasserreservoir schwenken wir links und steigen auf einem nicht asphaltierten Weg zum **Bolzplatz** 03 und zum Waldrand hoch. Wir treten in den Wald ein, stoßen auf einen kreuzenden Naturlehrpfad, dem wir nach rechts ein Stück weit folgen (Pos. In dem Wald). Wo der Naturpfad rechts abdreht, gehen wir geradeaus und biegen 50 m später auf den ausgeschilderten **Jubiläumsweg** ab (gelbe Raute). Der Pfad führt in leichtem Auf und Ab durch dichten Wald, kreuzt dann die Autostraße und nach wenigen Metern stehen wir vor dem **Gasthaus Waldstüble** 04.

Am Gasthaus vorbei schreiten wir leicht abwärts wieder in den Wald und folgen der gelben Raute. Bei einer scharfen Linkskehre (Bank) eröffnen sich herrliche Aussichten mit toller Fernsicht, der breite Weg fällt stetig ab, wir passieren links eine Hütte und in großen Kehren stoßen wir auf ein

Gasthaus Waldstüble.

Die letzten Meter vor der Ruine Werrach.

Kiessträßchen, dem wir rechts folgen. Ein Stück unterhalb der Straße entlang, dann kreuzt eine Asphaltstraße und wir unterqueren Bahn und Straße durch zwei **Unterführungen** 05 nach links. Nach der Wehrabrücke zweigt der Wehratalweg rechts ab (zur Zeit gesperrt; die Umleitung ist entlang der Straße hoch ausgeschildert), führt an Wiesen vorbei und bringt uns unter der Straße und der **Bahn** 06 zurück zum **Parkplatz** 01 beim Ludingarten.

GUGEL • 998 m

Über die Ödlandkapelle zum Gugelturm

13 km | 4:00 h | 400 hm | 400 hm

START | Herrischried, Liftstraße, beim Eisstadion
[GPS: UTM Zone 32 x: 423.870 m y: 5.279.300 m]
CHARAKTER | Wiesen- und Waldpfade sowie breite Forstwege und asphaltierte Nebensträßchen.

▶ Vom **Parkplatz** 01 beim Eisstadion gehen wir ein kurzes Stück links an der Sägestraße entlang, biegen dann links ab und steigen die Straße Zum Zelgle hoch. Wir überqueren nach den Häusern eine aussichtsreiche Skipiste und wandern in den Wald hinauf. Rechtsschwenkend, nochmals durch eine Skipiste unterbrochen, steigen wir im Wald weiter bergan und biegen bei der Pos. Sägtanne scharf rechts ab. Nach einem Flachstück steigt der breite Weg wieder stärker an und auf einem etwas verwurzelten Grasweg erreichen wir die auf einer freien Lichtung stehende **Ödlandkapelle** 02.

Geradeaus über die Lichtung folgen wir dem leicht abfallenden Kiesweg hinab zu einer Verzweigung bei der Ödlandhütte. Wir schwenken rechts und gehen mit leichtem Auf und Ab auf breitem Forstweg durch den Wald, passieren eine Hütte linker Hand und erreichen wieder freies, aussichtsreiches Wiesengelände. Leicht abwärts kommen wir zu einer **Ver-**

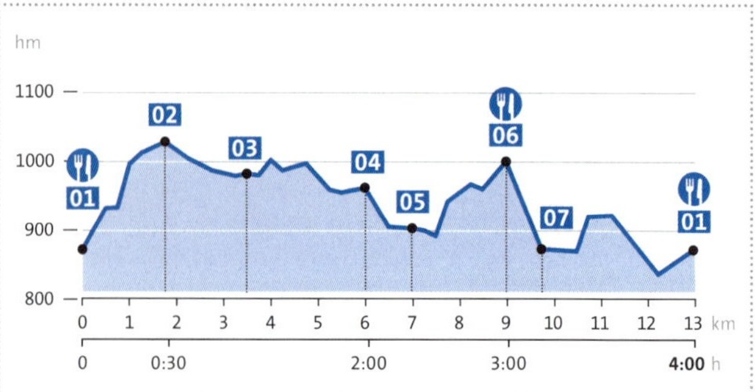

01 Herrischried, Eisstadion, 870 m; 02 Ödlandkapelle, 1026 m; 03 Verzweigung, 980 m; 04 Kreuz, 960 m; 05 Kapelle, 901 m; 06 Gugelturm, 998 m; 07 Giersbach, 871 m

Die Ödlandkapelle.

zweigung 03, stoßen auf Asphalt und wandern in einem Rechtsbogen über eine große Lichtung hinab zum Waldrand. Im Wald verlassen wir den Asphaltweg, gehen auf einem wurzeligen Waldweg kurz hoch zu einer Kuppe und steigen dann in einer Art Tobel wieder bergab. Wir treffen auf einen geschotterten Forstweg, dem wir nach rechts folgen, und gelangen zur Pos. Tannenboden. Nach links weiter, wieder durch Wald, zur nächsten kreuzenden Kiesstraße und erreichen, zum Schluss leicht ansteigend, das **Kreuz** 04 bei der Pos. Kreuzbuche. Rechts führt ein Hohlweg leicht bergab ans Wald-

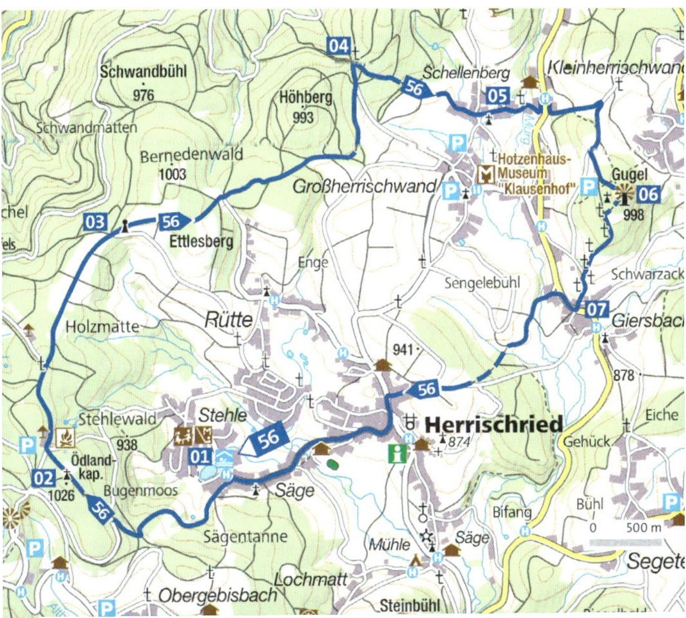

Der moderne Gugelturm.

ende, wir treffen auf Asphalt und wandern den Wendelinusweg abwärts zur **Kapelle Schellenberg** **05**.

Es geht kurvenreich zur Autostraße hoch (Pos. Klein-Herrischwand), über sie hinweg und asphaltiert, ein Stück steiler am Waldrand entlang, hinauf. Auf freiem Feld gelangen wir zu einer Verzweigung, halten uns zunächst rechts, dann links und stoßen auf einen kleinen Parkplatz am Waldrand. Ein gekiester Waldweg führt uns am Jugendzeltplatz vorbei zum **Gugelturm** **06** und zum Gugelstüble hoch. Fantastische Rundumsicht.

Über einen steileren, verwurzelten Pfad gehen wir abwärts, passieren eine Lichtung, und stoßen am Waldende auf Asphalt. Das aussichtsreiche Sträßchen bringt uns hinab zur Pos. **Giersbach** **07**. Wir überqueren die Straße, folgen ihr rechts und biegen bei den Häusern links ab. Der Asphalt endet und in leichtem Auf und Ab kurven wir durch die Wiesen abwärts zum Giersbacher Moos, überqueren einen Bachlauf und steigen wieder bergauf Richtung Wald.

Nach dem Waldstück (Pos. Riesenbühl) gelangen wir wieder in offenes Feld und marschieren über eine Kuppe zu den Häusern. Die Hasengasse leitet uns hinab zum Gasthaus Ochsen, wo wir linkshaltend über die Hauptstraße die Sägestraße erreichen, der wir rechts zum Ausgangspunkt beim **Eisstadion** **01** folgen. (Alternativ können wir an der Sporthalle und den Fußballplätzen vorbei und auf einem nicht asphaltierten Fußweg hoch zur Pos. Säge den Straßenverlauf der Sägestraße etwas abkürzen.)

Die kleine Schellenbergkapelle bei Kleinherrischwand.

HÄUSERN – ST. BLASIEN

Über den Felsenweg zur Domstadt und zum Albstausee

10,5 km | 3:00 h | 188 hm | 188 hm

START | Häusern, B 500, beim Sportplatz
[GPS: UTM Zone 32 x: 437.330 m y: 5.288.730 m]
CHARAKTER | Anfangs Wald- und Graspfad an Felsen entlang, dann Asphaltsträßchen und Forst- und Waldwege.

▶ Vom **Parkplatz 01**, gegenüber vom Sportplatz, gehen wir an der Straßenunterführung vorbei zur Pos. Häusern-Forsthaus. Wir schwenken nach links in einen schmalen Waldpfad (geradeaus geht's zum Waldbad), der gleich recht spektakulär mit mächtigen Felsen beginnt. Vorbei an Infotafeln zum Waldlehrpfad, machen wir eine Linkskehre, rechts wird der Blick frei, und traversieren auf einem schmalen Graspfad am Hang entlang.

Wir stoßen auf einen Forstweg und Häuser, gehen bis zur St.-Fridolins-Straße vor und folgen ihr nach rechts. Am Rathaus und am **Kurgarten 02** vorbei überqueren wir die B500, steigen ein paar Meter den Blasiwaldweg an und biegen bei der Pos. Häusern Alte Post nach links in die leicht ansteigende Straße Abendweide ab. Kurz nach dem Ortsende, rechts hoch hat man einen schönen Blick zur Wittlisberger Kapelle, verzweigt sich der Weg bei der Pos. **Auf den**

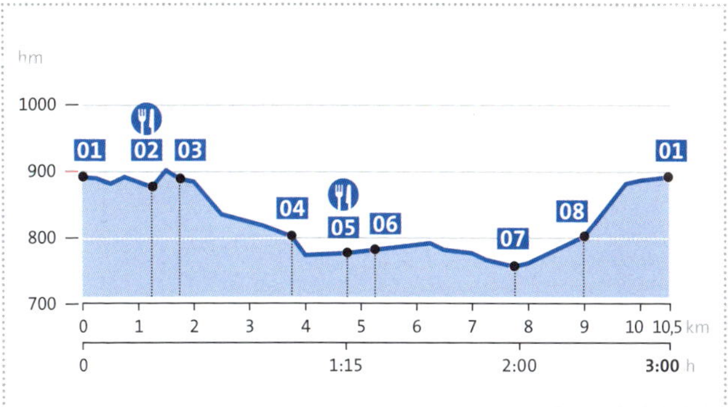

01 Häusern, Sportplatz, 890 m; **02** Kurgarten, 875 m; **03** Auf den Mauern, 887 m; **04** Bachbrücke, 801 m; **05** Dom, St. Blasien, 775 m; **06** Holzberg, 780 m; **07** Albsteg, 755 m; **08** Pos. Albsee, 800 m

Im Häuserner Felsenweg.

Mauern 03 und wir marschieren auf Asphalt, mit herrlicher Panoramaaussicht, ordentlich bergab. Nach der Pos. Lehnern endet der Asphalt und in einer Rechtskehre gelangen wir auf flacherem Kiesweg zum Waldrand. Im hochstämmigen Wald tauchen große Felsen am Wegesrand auf, links unten verläuft parallel die Autostraße.

Wir passieren die Pos. Kohlerbrücken, überqueren einen kreuzenden Forstweg und folgen dem lichten Waldweg. Ein erster Blick auf den Dom von St. Blasien eröffnet sich, und an imposanten Felsen vorbei geht es am teilweise gerodeten, lichten Hang entlang leicht bergab. Auf schmalerem Pfad erreichen wir einen kleinen Wasserlauf, überqueren ein **Brücklein** 04 und halten uns links abwärts Richtung St. Blasien.

Wir verlassen den Wald und folgen unten rechts dem Gehweg der Friedrichstraße. Geradeaus weiter überqueren wir die Alb beim mächtigen **Dom** 05, umrunden die Anlagen durch den Kurgarten (Tusculumweg) und gehen auf der Rückseite hoch zu einer Unterführung und zur Pos. **Holzberg** 06.

Wir folgen links dem unteren, gekiesten Weg Richtung Albstausee. Der mit gelber Raute markierte Albhaldenweg führt in leichtem Auf und Ab oberhalb der tiefer unten liegenden Straße und dem Albflüsschen durch lichten Wald. Nach einem kurzen steileren Abwärtsstück bis kurz vor der Straßenbrücke geht es über die Straße Im Füllenplatz und dann den Scheuerhofweg zur Pos. Albseesteg. Ein paar Schritte links abwärts auf schmalem Pfad und wir überqueren die Alb auf einem langen, hölzernen **Steg** 07.

Auf der anderen Seite folgen wir rechts einem Pfad neben der Straße, überqueren sie, und folgen den blauen Markierungen. Auf dem breiten Forstweg steigen wir in den Wald hoch, bis ein Holzschild (Richtung Häusern) nach links auf einen feuchten Waldweg ableitet. Kurz darauf schwenken wir nochmals links ab, treffen dann bei der **Pos. Albsee** 08 auf eine Forststraße und folgen der blauen Raute via Marienkapelle.

Der breite Forstweg steigt gemächlich in großen Kehren an und zieht sich durch den Wald hoch. Am Waldrand stoßen wir auf ein Skihäuschen mit Skilift, sind kurz darauf am Sportplatz und wandern an den Infotafeln des Lehrpfades entlang zur Straße vor. Durch die Unterführung erreichen wir wenig später unseren Ausgangspunkt.

Am Albstausee, im Hintergrund der Albsteg.

HÖCHENSCHWANDER FELSENWEG

Aussichtsreicher Beginn, felsiges Finale

10,75 km | 3:15 h | 218 hm | 218 hm

START | Höchenschwand, Wanderparkplatz Kreuzstein
[GPS: UTM Zone 32 x: 438.270 m y: 5.286.430 m]
CHARAKTER | Bis zur Dumrighütte Wald- und Wiesenweg sowie asphaltiertes Nebensträßchen; dann schmaler Felsenweg und Waldpfad, teils wurzelig und mit kurzem Drahtseilstück.

▶ Vom **Wanderparkplatz Kreuzstein** 01 folgen wir dem Schild „Felsenweg" Richtung Strittberg. Im Wald stoßen wir auf die Pos. Hinter dem Kreuzstein, schwenken leicht rechts und marschieren auf dem links neben der Straße verlaufenden Waldweg. Rechts unten ist die Dampfsäule vom schweizerischen Kernkraftwerk Leibstadt zu sehen und am Horizont tauchen die Schweizer Alpengipfel auf. Leicht abwärts gehend kommen wir ans Waldende, bleiben auf dem Fußpfad entlang der Straße und überqueren sie erst kurz vor dem Ortsschild Strittberg. Noch ein Stück auf dem Pfad, dann folgen wir dem straßenbegleitenden Gehweg hinab zur Pos. **Strittberg** 02.

An mehreren Brunnen, dem Gasthaus Adler und der Pos. Strittberg-Forsthaus vorbei, erreichen wir weiter abwärts gehend das Dorfende. In großen Kehren wandern wir zwischen Feldern hin-

01 WP Kreuzstein, 965 m; 02 Strittberg, 913 m; 03 Dumrigparkplatz, 826 m; 04 Dumrighütte, 780 m; 05 Pos. Hornweg, 780 m; 06 Harzer Häusle, 785 m; 07 Herrgottsholzweg, 865 m

Die letzten Meter vor der Dumrighütte.

durch hinab zum Waldrand und zur Pos. **Dumrigparkplatz 03**. Hier endet der Asphalt und ein Kiesweg führt uns am Waldrand entlang leicht bergab. Wir ignorieren die Abzweigungen und folgen der leicht abwärts führenden Dumrigstraße, die uns direkt zur **Dumrighütte 04** bringt.

Wir gehen an der Hütte vorbei und schwenken links in einen grasigen Waldweg, der leicht ansteigt und in einer großen Linkskehre

Drahtseilpassage am Höchenschwander Felsenweg.

am Hang entlang verläuft. Achtung! Wir biegen rechts auf einen schmalen, nicht markierten Hangpfad ab, der bergab führt und bald eine deutliche Rechtskehre macht (gelbe Raute am Baum). Wir stoßen auf einen Forstweg, halten uns rechts und biegen – kurz bevor der Forstweg endet – nach links hoch auf einen Pfad ab.

Es wird ausgesetzter, teilweise feuchter und verwachsener und bei der **Pos. Hornweg** 05 treffen wir auf einen breiten Forstweg. Wir überqueren ihn und folgen der Beschilderung „Felsenweg". Der Pfad verläuft leicht abwärts am Hang entlang, es folgen feuchte Stellen, die über Holzbohlen überquert werden, und wir erreichen einen überdachten Unterstand, das **Harzer Häusle** 06.

In einer Linkskehre geht es fast flach am Hang entlang, kurz nach einem Tisch mit Bank schwenken wir erneut links und der Weg steigt leicht an. Nun bekommt man einen Eindruck, warum es Felsenweg heißt, immer mehr und größere Felsen tauchen auf und wir stoßen auf eine Felsengalerie, die mit einem Drahtseil abgesichert ist. Nach einem Brückchen endet die Drahtseilpassage, die Felsen lassen nach und der Weg steigt in einem großen Linksbogen allmählich an.

An der Pos. **Herrgottsholzweg** 07 queren wir eine Forststraße und folgen der Mittelweg-Markierung geradeaus hoch in Richtung Höchenschwand. Wir stoßen auf die nächste Forststraße, dann aufgepasst: Nach wenigen Metern zweigt links ein schmaler, wurzeliger Pfad ab (Mark. an den Bäumen) und führt uns leicht ansteigend tiefer in den Wald hinein. Über flachere Passagen wandern wir an der Pos. Hinterm Kreuzstein vorbei zum Ausgangspunkt am **Wanderparkplatz** 01 zurück.

STAUSEE WITZNAU – HOHFLUHFELSEN

Rundwanderung um das Rosendorf Nöggenschwiel

11,5 km | 3:45 h | 222 hm | 222 hm

START | Nöggenschwiel, Gret-Stube, Fohrenbachstraße [GPS: UTM Zone 32 x: 440.980 m y: 5.282.433 m]
CHARAKTER | Breite Forstwege und asphaltierte Nebensträßchen, schmaler, teils kehrenreicher und steilerer Pfad zum Hohfluhfelsen.

Vom **Parkplatz 01** bei der Gret-Stube, gegenüber der Kirche, gehen wir die Fohrenbachstraße rechts hoch, biegen bei der Tourist-Info rechts ab, passieren das Wassertretbecken und schwenken kurz darauf links in den **Wolfbachweg 02**.

Bei den letzten Häusern endet der Asphalt und wir wandern in einem großen Linksbogen an einem Jungwald entlang zunehmend steiler bergab – zwischendurch kurze Schotter- und Asphaltstücke – und in den Wald hinein.

Ein breiter Forstweg, begleitet von einem kleinen Bachlauf, fällt kontinuierlich ab, die Hänge links und rechts steilen sich auf, Felsen tauchen auf, das Ganze bekommt einen leichten Schluchten-Charakter. Wir treffen auf eine Asphaltstraße in einer scharfen Kurve, rechts rückt ein Haus ins Bild, wir sind an der Pos. **Fohrenbachmühle 03**.

Wir gehen unterhalb der Gebäude in die Fohrenbachstraße (Richtung Leinegg), überqueren den Bach, passieren die Säge und folgen

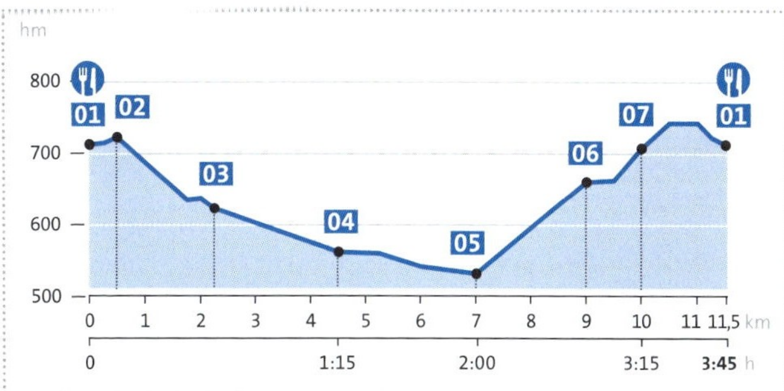

01 Gret-Stube, 710 m; 02 Wolfbachweg, 720 m; 03 Fohrenbachmühle, 621 m; 04 Fohrenbachbrücke, 560 m; 05 Schwarzabrücke, 530 m; 06 Pos. Ziegelgraben, 658 m; 07 Hohfluhfelsen, 705 m

Am Witznau-Stausee.

dem nicht mehr asphaltierten Forstweg. Leicht abfallend folgen wir dem Bachlauf, passieren eine Brücke, und bleiben auf dem breiten Forstweg geradeaus, der dann in ein asphaltiertes Sträßchen übergeht und uns zur Pos. Leinegg bringt, wo uns ein Asphaltsträßchen kreuzt. Vorbei an einem Park- und Picknickplatz erreichen wir am Waldrand entlang wenig später die Pos. **Fohrenbachbrücke** 04.

Wir überqueren die Brücke, stoßen auf die Pos. **Schwarzabrücke** 05, halten uns rechts und folgen dem Asphaltsträßchen Richtung Witznau-Stausee. Nach der Pos. Hinterwannenbach türmen sich links neben der Straße zunehmend Felsen auf, das Tal öffnet sich und rechts unten am Schwarzabach taucht ein Wehr auf, das aber keinen Übergang erlaubt!

Wir stoßen dann an das obere Ende des Witznau-Stausees, überqueren die Schwarza und gehen rechts auf zunehmend schlechterem Asphalt ordentlich steil hoch. Nach einer scharfen Rechtskurve wird es flacher und bei der **Pos. Ziegelgraben** 06 verlassen wir das Sträßchen und biegen scharf rechts auf einen leicht abwärts führenden Waldweg ab (gelbe Raute).

Ein Bächlein begleitet uns links, das wir bald überqueren, dann geht es auf schmälerem, teils ausgesetzterem Pfad in einer Linkskehre zunächst um den Hang herum, bis wir in engen Kehren kurz steiler ansteigen. Nach einem Holzgeländer ist bald der aussichtsreiche **Hohfluhfelsen** 07 erreicht. Rechtshaltend gelangen wir nach wenigen flachen Metern an den Waldrand, mit freiem Blick über die Felder und zu den ersten Häusern von Höchenschwand. Ein kurzes Stück später setzt Asphalt ein und wir wandern mit grandiosem Fernblick bis in die Schweizer Alpen über das freie Feld an den Ortsrand.

Beim Landgasthof Ebner biegen wir rechts ab, gelangen über den Rosenweg und das Sträßchen Im Rebacker leicht abwärts zum

Aussichtspunkt Hohfluhfelsen.

Notker-Brunnen und sind nach ein paar Schritten wieder bei unserem Ausgangspunkt an der **Gret-Stube 01**.

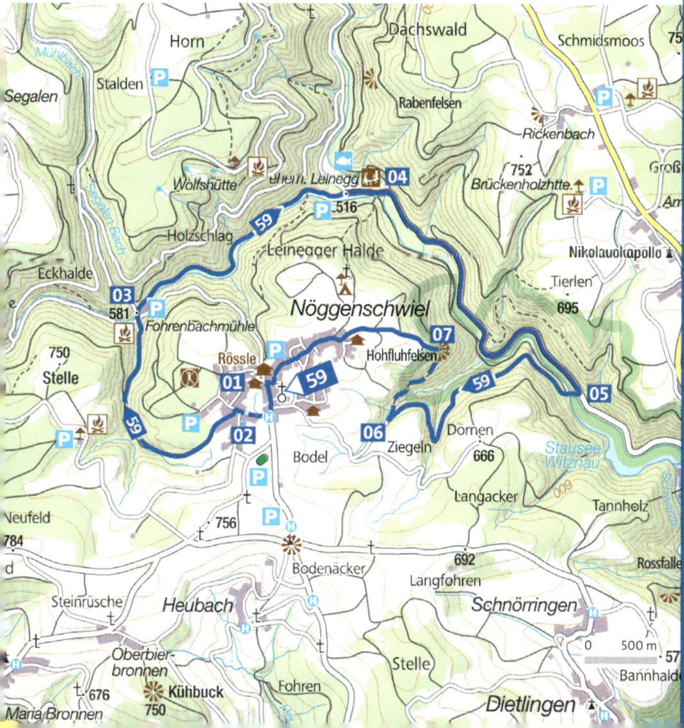

NÖGGENSCHWIEL – DIETLINGEN – HEUBACH

Unterwegs auf dem Rosenwanderweg

13 km | 3:45 h | 297 hm | 297 hm

START | Nöggenschwiel, Gret-Stube, Fohrenbachstraße
[GPS: UTM Zone 32 x: 440.980 m y: 5.282.410 m]
CHARAKTER | Forst-, Wald- und Wiesenwege sowie verkehrsarme Neben- und Verbindungssträßchen.

Vom **Parkplatz** 01 beim Café Gret-Stube gehen wir links hoch zur Pos. Nöggenschwiel Roseneck, umrunden die Kirche auf dem Rosenweg und wandern kehrenreich auf einem asphaltierten Sträßchen (**Witznauweg** 02) aus dem Dorf. In großen Kehren spazieren wir über eine aussichtsreiche Wiesen- und Ackerlandschaft zur Pos. Witznauweg.

Wir folgen der rechten Wegvariante in Richtung Schnörringer Wegkreuz und wandern auf dem Asphaltsträßchen an herrlichen Blumenwiesen vorbei zu einer scharfen S-Kurve im Wald. Der Blick nach vorne öffnet sich, der Asphalt endet und wir gehen auf einem Kiesweg zunächst am Waldrand entlang, kurven dann über offenes Ackerland wieder in den Wald.

Hier informiert uns eine Tafel über das Waldgebiet Dornen, das zwischen Schnörringen und Nög-

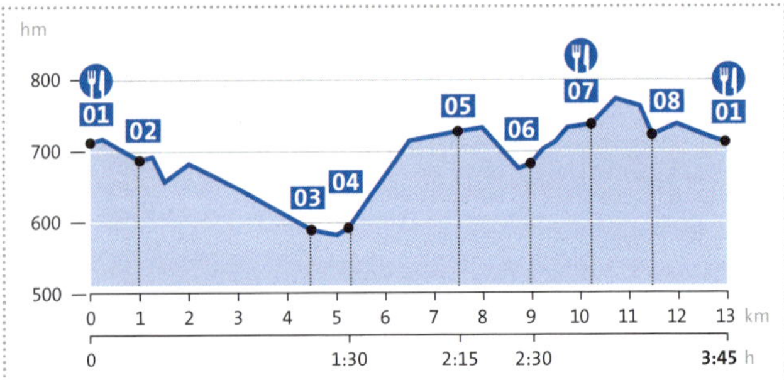

01 Gret-Stube, 710 m; 02 Witznauweg, 685 m; 03 Wegkreuz, 587 m; 04 Dietlinger Kapelle, 590 m; 05 Geisberg, 725 m; 06 Heubach, 680 m; 07 Oberbierbronnen, 735 m; 08 Niederwies, 720 m

Wegkreuz Schnörringen.

genschwiel liegt. Wir durchqueren den Wald auf einem teils schmäleren Pfad, der stets leicht bergab führt, hin und wieder mit etwas steileren Passagen, und erreichen nach einem kurzen Anstieg einen Forstweg und den Waldrand (Rosenwanderwegschild). Herrliche

Die Kapelle in Dietlingen.

Fernsicht in die Schweizer Berge, und vor uns sichtbar die Häuser von Schnörringen.

Wir folgen dem Kiesweg leicht abwärts nach rechts, stoßen auf eine kreuzende Asphaltstraße, biegen aber gleich links auf einen nicht asphaltierten Feldweg ab, der uns wieder zum Asphaltsträßchen und wenig später zur Verzweigung bei der Pos. **Wegkreuz Schnörringen** 03 bringt.

Der kurzzeitig nicht asphaltierte Weg führt an einem weiteren

Der Notker-Brunnen, nur wenige Meter vom Ausgangspunkt entfernt.

Das Rosendorf Nöggenschwiel macht seinem Namen alle Ehre!

Kreuz vorbei leicht bergab zu einem Waldstück, wir überqueren einen Bachlauf und an einem Gebäude vorbei steigen wir wieder leicht an zu Häusern und zur Pos. **Dietlinger Kapelle** 04.

Vor der Kapelle schwenken wir rechts, gehen die Kapellenstraße hoch, biegen bei den letzten Häusern mit ihr links ab und verlassen das Dorf. In großen Kehren wandern wir auf Asphalt stetig ansteigend über freies Land zu einer Anhöhe hoch. Der Asphalt endet, und wir schwenken rechts in den Wald hinein (gelbe Raute).

Über einzelne Lichtungen und am Waldrand entlang stoßen wir zur Pos. **Geisberg** 05. Über freie Kornfelder marschieren wir auf eine Baumgruppe zu und knicken links ab zur Autostraße. Rechts ist die kleine Kapelle an der Straße nach Nöggenschwiel zu sehen.

Der Weg fällt leicht ab, wir überqueren die Autostraße und wandern hinab zur Pos. **Heubach** 06.

Vor dem ersten Haus rechts, folgen wir dem Asphaltsträßchen, das in einer großen Linkskehre den Hang berghoch zur Pos. Kühbuck führt. Nach rechts erreichen wir in wenigen Schritten Oberbierbronnen, passieren das Café Wegwarte und gelangen rechtshaltend zur Pos. **Oberbierbronnen** 07.

Das Asphaltsträßchen führt über eine Kuppe zu einer Vorfahrtsstraße, der wir kurz rechts folgen, um bei der nächsten Verzweigung scharf links auf einem Naturweg in Richtung Wald abzubiegen. Bergab durch ein schattiges Waldstück treffen wir auf die Pos. **Niederwies** 08 und ein kreuzendes Asphaltsträßchen, das uns zunächst leicht ansteigend und in einer großen Linkskehre zu den ersten Häusern bringt.

Über die Straße Tafelwies und rechts Zum Mühleholz wandern wir an der Wassertretanlage vorbei zurück zum Roseneck und links hinab zum Ausgangspunkt.

Neben der Schwarzwald-Metropole Freiburg, die zur Spitzengruppe der touristischen Ziele in Deutschland gehört und unbedingt einen Besuch wert ist, bietet der Schwarzwald eine Menge weiterer herausragender Sehenswürdigkeiten und Attraktionen an. Kulturell Interessierte finden ebenso wie Naturfreunde und sportlich Ambitionierte eine Fülle von in der Regel auch familienfreundlichen Freizeitangeboten, so dass auch bei ungünstigen Wanderverhältnissen für tolle Erlebnisse gesorgt ist.

MEINE TIPPS FÜR ...

> schlechtes Wetter

Der **Dom St. Blasius**, die ehem. Abteikirche des Benediktinerklosters **St. Blasien** war bei ihrer Einweihung 1783 die drittgrößte Kuppelkirche Europas. Die Kuppel mit 36 m Spannweite gehört noch heute zu den größten in Europa.
(www.dom-st-blasien.de)

Eine spektakuläre Rodelbahn: der Hasenhorn-Coaster in Todtnau.

Im **Uhrenmuseum** in **Furtwangen** ist die weltweit größte Uhrensammlung zu bestaunen.
78120 Furtwangen, Robert-Gerwig-Platz 1, Tel. 07723/9202800

Die **Hochfirstschanze** in **Titisee-Neustadt** ist die größte Natursprungschanze Deutschlands.
79822 Titisee-Neustadt, Schützenstraße, Tel. 07652/12068100

Das Heimatmuseum **„Hüsli"**, 1911 im Stil eines Schwarzwaldhauses erbaut, wurde bekannt durch die TV-Serie „Die Schwarzwaldklinik".
79865 Grafenhausen-Rothaus, Am Hüsli 1, Tel. 07748/212

Phonomuseum in **St. Georgen**
Fast lückenlose Präsentation der mech. Tonaufzeichnung und Tonwiedergabe von 1877 bis heute; mit Extraschau mech. Musikinstrumente.
78112 St. Georgen, Bärenplatz 1,
Tel. 07724/8599138

Deutschlands höchstgelegener **Rosengarten** befindet sich auf dem Hubenloch, in einer 9 ha großen Parkanlage, oberhalb von **Villingen**.
Tel. 077221/822340 (Tourist-Info)

Die **„Sauschwänzlebahn"** (Wutachtalbahn) verkehrt als dampflokbetriebene Museumsbahn von April

Ein Erlebnis: die Fahrt mit der dampfenden „Sauschwänzlebahn".

bis Oktober zwischen **Blumberg** und **Weizen.**
78176 Blumberg, Bahnhofstr. 1, Tel. 07702/51300; www.sauschwaenzlebahn.de

In **Schonach** ist die weltgrößte **Kuckucksuhr** zu besichtigen (Höhe 15,3 m).
78136 Schonach, Untertalstr. 28, Tel. 07722/4689

Im **Schwarzwaldmuseum** in Triberg finden Sie alles zu Trachten und Bräuche, zum Bollenhut und zur Kuckucksuhr – und die größte **Drehorgelsammlung** Europas.
78098 Triberg, Wallfahrtstraße 4, Tel. 07722/4434

Steinwasen-Park in **Oberried** (mit Wildpark, Bergrodelbahn, Coaster, Wasserrutsche sowie der längsten Erlebnisseilbrücke der Welt, 218 m lang).
79254 Oberried, Steinwasen 1, Tel. 07602/944680

Mit 2,9 km ist die **Todtnauer** Sommerrodelbahn **Hasenhorn Coaster** die spektakulärste und längste in Deutschland.
79674 Todtnau, Lindenstr. 9,
Tel. 07671/508

Blick vom Aussichtsturm auf den Hubenloch-Park in Villingen.

● unter 30 EUR ●● 30 - 60 EUR ●●● über 60 EUR
(pro Pers/DZ/incl. Frühstück)

Badenweiler .... **Plz 79410, Tel. (0) 7632**
Hotel Rebekka & Haus am Brühl ● Glasbachweg 19-21, Tel. 82020
Hotel garni Haus Götschin ● Glasbachweg 5, Tel. 81070
Feriencamping ● Weilertalstr. 73, Tel. 1550, www.camping-badenweiler.de
Bad Krozingen .... **PLZ 79189, Tel. (0)7633**
Hotel Bären ● In den Mühlenmatten 3, Tel. 91100
Hotel Ott ● Thürachstraße 3-5, Tel. 40060, www.hotel-ott.de
Kur und Bäder GmbH Bad Krozingen ● Herbert-Hellmann-Allee 12, Tel. 4008120
Bonndorf .... **PLZ 79848, Tel. (0)7703**
Bonndorfer Hof ● Bahnhofstr. 2, Tel. 920620, www.bonndorfer-hof.de
Schwarzwaldhotel Möhringer ●● Rothausstr. 7, Tel. 93210, www.schwarzwaldhotel.com
FREIBURG I.B. **PLZ 79098, Tel. (0)761**
Schwarzwälder Hof ●● Herrenstr. 43, Tel. 38030. www.schwarzwaelder-hof.com
Gaststätte Paradies ● Mathildenstr. 26-28, Tel. 273700, www.paradies-freiburg.de
Camping Hirzberg ● Kartäuserstr. 99, Tel. 35054, www.freiburg-camping.de
Furtwangen .... **PLZ 78120, Tel. (0)7723**
Zum Ochsen ●● Marktplatz 9, Tel. 93116, www.ochsen-furtwangen.de
Gutach .... **PLZ 77793, Tel. (0)7833**
Landgasthof Engel Reichert Samuel ● Steingrün 16, Tel. 9555630
Hinterzarten .... **PLZ 79856,Tel. (0)7652**
Hotel am Bach ● Windeckweg 9, Tel. 286, www.hotel-am-bach.de
Gästehaus am Kirchwald ● Windeckweg 21B, Tel. 5971, www.am-kirchwald.de
Höchenschwand .... **PLZ 79862, Tel. (0)7672**
Hotel adenia GmbH ● Waldshuterstraße 1, Tel. 924730, www.hoteladenia.de
Hotel Cortina ●-●● Hauptstr. 9, Tel. 341070, www.hotel-cortina.info
Kandern .... **PLZ 79400, Tel. (0)7626**
Hotel und Gaststätte „Zur Weserei" ●● Hauptstr. 81, Tel. 7000, www.weserei.de
Hotel Restaurant zur Sonne ●● Hauptstr. 24, Tel. 227, www.sonne-kandern.de
Campingplatz ● Schwimmbadweg 2, Tel. 7874, www.terrassen-camping-kandern.de
Kirchzarten .... **PLZ 79199, Tel. (0)7661**
Hotel-Restaurant Fortuna ●● Hauptstr. 7, Tel. 3980, www.hotel-fortuna-kirchzarten.de
Gasthaus Alte Post ● Bahnhofstr. 38, Tel. 93350, www.alte-post-kirchzarten.de
Camping Kirchzarten ● Dietenbacher Str. 17, Tel. 9040910, www.camping-kirchzarten.de
Lenzkirch **PLZ 79853, Tel. (0)76 53**
Hotel Schwörer ●● Ludwig-Kegel-Straße 25, Tel. 219, www.hotel-schwoerer.de
Pension Daheim ● Freiburger Str. 53, Tel. 240, www.pension-daheim.de
Camping Kreuzhof ● Bonndorferstr. 65, Tel. 1450, www.pension-kreuzhof.de
Münstertal .... **PLZ 79244, Tel. (0)7636**
Gasthaus zum Löwen ●● Wasen 54, Tel. 542, www.loewen-muenstertal.de
Gasthof Belchenblick ●● Wasen 72, Tel. 297, www.gasthof-belchenblick.de
Camping Münstertal ● Dietzelbachstraße 6, Tel. 7080, www.camping-muenstertal.de
Nöggenschwiel .... **PLZ 79809, Tel. (0)7755**
Gasthof Rössle ●● Fohrenbachstr. 3, Tel. 2889873, www.gasthofroessle.de

Gasthof Kranz €€ Fohrenbachstr. 12, Tel. 265, www.kranz-noeggenschwiel.de

Schluchsee .... **PLZ 79859, Tel. (0)7656**

Wochners Hotel Sternen €€ Dresselbacher Str. 1, Tel. 98870, www.sternen-schluchsee.de

Pension Tannenheim € Faulenfürster Str. 7, Tel. 427, www.pension-tannenheim.de

Camping Schluchsee € Gewann Zeltplatz 1, Tel. 573, www.camping-schluchsee.de

Staufen .... **PLZ 79219, Tel. (0)7633**

Hotel Sonne €€ Albert-Hugard-Str. 1, Tel. 95300, www.sonne-staufen.de

Gasthaus-Hotel Hirschen €€ Hauptstraße 19, Tel. 5297, www.hirschen-staufen.de

Camping Belchenblick € Münstertälerstr 43, Tel. 7045, www.camping-belchenblick.de

St. Blasien .... **PLZ 79837, Tel. (0)7672**

Hotel Klosterhof €€ am Kurgarten 9, Tel. 3429880, www.klosterhof-stblasien.com

Hotel-Restaurant Klostermeisterhaus €€ im Süßen Winkel 2, Tel. 9226895, www.klostermeisterhaus.com

St. Georgen i. Schwarzwald .... **PLZ 78112, Tel. (0)7724**

Hotel Garni Schwarzwaldtanne € Bühlstr. 17, Tel. 7254, www.schwarzwaldtanne-st-georgen.de

Hotel Kammerer e.K. €€ Hauptstraße 23, Tel. 93920, www.hotel-kammerer.de

Stühlingen .... **PLZ 79780, Tel. (0)7744**

Landgasthof Hotel Rebstock € Schlossstraße. 10, Tel. 92120, www.rebstock.eu

Gasthof Hotel Krone € Stadtweg 2, Tel. 929290, www.krone-stuehlingen.de

Camping an der Wutach € Außer Ort 6, Tel. 422, www.camping-wutach.de

Titisee-Neustadt .... **PLZ 79822, Tel. (0)7651**

Schwarzwaldgasthof zum Bären €€ Hauptstr. 20, Tel. 1515, www.baeren-titisee.de

Hotel Jägerhaus € Postplatz 1-2, Tel. 5055, www.hoteljaegerhaus.de

Camping Bühlhof € Bühlhofweg 13, Tel. 1606, www.camping-buehlhof.de

Todtmoos .... **PLZ 79682, Tel. (0)7674**

Hotel am Kurpark € Salesiaweg 2, Tel. 909180, www.hotel-am-kurpark.de

Hotel Maien GmbH € Hauptstraße 2, Tel. 222, www.maien.de

Todtnau .... **PLZ 79674, Tel. (0)7671**

Pension Marianne €-€€ Feldbergstr.4, Tel. 9998855

Gästehaus Steiert € Sonnhalde 45, Tel. 584, www.gaestehaus-steiert.de

Todtnauberg .... **PLZ 79674, Tel. (0)7671**

Hotel Engel €€ Kurhausstr. 3, Tel. 91190, www.engel-todtnauberg.de

Triberg .... **PLZ 78098, Tel. (0)7722**

Hotel Restaurant Pfaff € Haupt Str. 85. Tel. 4479 oder 5555, www.hotel-pfaff.com

Hotel „Zum Bären“ € Hauptstr. 10, Tel. 4493

Villingen-Schwenningen .... **PLZ 78464, Tel. (0)7531**

Hotel „Ketterer“ €€ Zur Friedrichshöhe 20c, Tel. 938310, www.hotelketterer.de

Hotel-Rest. Romäus Villingen €€ Warenburgstr. 4, Tel. 2066030, www.hotel-romäus.de

Jugend Zeltplatz € Mühlweg 15, Tel. 813520, www.jugendzeltplatz-vs.de

Waldkirch .... **PLZ 79183, Tel. (0)7681**

Zum Storchen €€ Lange Straße 24, Tel. 4749590, www.zum-storchen-waldkirch.de

Pension Imhof € Hödlerstr. 45, Tel. 6663, www.pension-imhof.de

Camping Elztalblick € Biehlstr. 10, Tel. 4212, www.camping-elztalblick.de

Wehr .... **PLZ 79664, Tel. (0)7762**

Landgasthof zur Sonne € Enkendorfstraße 38,Tel. 8484, www.hotel-sonne-wehr.de

Zell im Wiesental .... **PLZ 79669, Tel. (0)7625**

Hotel Löwen € Schopfheimerstraße 2, Tel. 92540, www.hotel-loewen-zell.de

ORTE / TOURISMUSBÜROS

Badenweiler
Gemeinderat
Luisenstr. 5
79410 Badenweiler
Tel. +49(0)7632 72121
www.gemeinde-badenweiler.de

Bad Krozingen
Gemeinderat
Basler Straße 30
79189 Bad Krozingen
Tel. +49(0)7633 4070
www.bad-krozingen.de

Bonndorf
Touristinformation Bonndorf
Martinstr. 5
79848 Bonndorf
Tel. +49(0)7703 7607
www.bonndorf.de

Eisenbach
Info-Point
Tempelacker 16
79871 Eisenbach
Tel. +49(0)7652 12060
www.eisenbach@hoch-schwarzwald.de

Feldberg
Tourist-Info
Dr.-Pilet-Spur 4
79868 Feldberg
Tel. +49(0)7652-12060
www.hochschwarzwald.de

Freiburg i.B.
Tourist Information
am Rathausplatz
79098 Freiburg
Tel. +49(0)761 3881880
www.freiburg.de

Furtwangen
Tourist-Info
Lindenstraße 1
78120 Furtwangen
+49(0)7723 92950
www.furtwangen.de

Gutach
Elztal & Simonswäldertal Tourismus
Bahnhofstr. 1
79261 Gutach im Br.
Tel. +49(0)7685 19433
www.gutach.de

Häusern
Tourist-Info
79837 Häusern
St.-Fridolin-Str. 5
Tel. +49(0)7652 12068560
www.haeusern@hoch-schwarzwald.de

Hinterzarten
Tourist Information
Freiburgerstr. 1
79856 Hinterzarten
Tel. +49(0)7652 12068200
www.hinterzarten.de

Höchenschwand
Tourist-Information
Rudolf-Eberle-Straße 3
79862 Höchenschwand
Tel. +49(0)7672 48180
www.ferien-suedschwarz-wald.de

Kandern
Tourist-Information
Hauptstraße 18
79400 Kandern
Tel. +49(0)7626 972356
www.kandern.de

Villingen, Fußgängerzone mit Stadttor.

Kirchzarten
Tourist-Info Dreisamtal
Hauptstr. 24
79199 Kirchzarten
Tel. +49(0)7661 907980
www.dreisamtal.de

Lenzkirch
Im Kurhaus
Am Kurpark
79853 Lenzkirch
Tel. +49(0)7653 6840
www.hochschwarzwald.de

Löffingen
Tourist-Info
Rathausplatz 14
79843 Löffingen
Tel. +49(0)7652 12068350
www.loeffingen@hoch-schwarzwald.de

Münstertal
Tourist-Info
Wasen 47
79244 Münstertal
Tel. +49(0)7636 70730
www.muenstertal-staufen.de

Nöggenschwiel
Tourist-Info Roseneck
Josef-Raff-Platz
79809 Weilheim-Nöggen-schwiel
Tel. +49(0)7755 1553
www.rosendorf.de

Schluchsee
Im Kurhaus
Fischbacher Str. 7
79859 Schluchsee
Tel. +49(0)7656 770
www.hochschwarzwald.de

Staufen
Tourist-Info
Hauptstr. 53
79219 Staufen i. Br.
Tel. +49(0)7633 80536
www.muenstertal-staufen.de

St. Blasien
Tourist-Information
Am Kurgarten 1
79837 St. Blasien
Tel. +49(0)7652 12060
www.stadt.stblasien.de

St. Georgen i. Schwarzwald
Gemeinderat
Hauptstr. 9
78112 St. Georgen
Tel. +49(0)7724 870
www.st-georgen.de

Stühlingen
Verkehrsamt Stühlingen
Schlossstraße 9
79780 Stühlingen
Tel. +49(0)7744 53231
www.stuehlingen.de

Titisee-Neustadt
Tourist-Info
Strandbadstraße 4
79822 Titisee-Neustadt
Tel. +49(0)7652 12060
www.titisee-neustadt.de

Todtmoos
Tourist-Information Todtmoos
Wehratalstraße 19 (in der Wehratalhalle)
79682 Todtmoos
Tel. +49(0)7674 90600
www.todtmoos.de

Todtnau
Tourist-Info
Meinrad-Thoma-Straße 21
79674 Todtnau
Tel. +49 (0)7671 969695
www.todtnau.de

Triberg
Schwarzwaldmuseum
Wallfahrtstraße 4
78098 Triberg
Tel. +49(0)7722 866490
www.triberg.de

Villingen-Schwenningen
Wirtschaft und Tourismus
Rietgasse 2
78050 Villingen-Schwenningen
Tel. +49(0)7721 822340
www.villingen-schwenningen.de

Waldkirch
Touristinformation
Kirchpl. 2
79183 Waldkirch
Tel. +49(0)7681 19433
www.stadt-waldkirch.de

Wehr
Tourist-Info Wehr
Hauptstraße 14
79664 Wehr
Tel.. +49(0)7762 808601
www.wehr.de

Zell im Wiesental
Touristinformation
Schopfheimer Str. 3
79669 Zell im Wiesental
Tel. +49(0)7625 924092
www.zell-im-wiesental.de

Überregionale Tourismus-Informationen:
www.schwarzwald-tourismus.info
www.hochschwarzwald.de
www.schwarzwald.de
www.ferien-urlaub-schwarzwald.de
www.reisetipps-schwarzwald.com
www.abenteuerschwarzwald.com

REGISTER

Eines der typischen Schwarzwälder Täler: das St. Wilhelmer Tal.

REGISTER

IMPRESSUM

Wanderführer mit 60 Touren
Schwarzwald Süd
mit Naturpark, Kaiserstuhl und Markgräflerland

Covergestaltung: Britta Wilken
Gesamtherstellung: EDITIONNOVA GmbH, Rheinbreitbach
Text und Fotos (soweit nicht anders angegeben): Walter Theil
Umschlagvorderseite: Das Rathaus Münstertal im Schwarzwald (Foto: iStockphoto/TKphotography64); Wanderlogo (Foto: iStockphoto/Victor)

Kartengrundlage für Gebietsübersichtskarte S. 12-13, U4:
© MairDumont, D-73751 Ostfildern 4

Haftungsausschluss
Alle Angaben und Routenbeschreibungen wurden nach bestem Wissen gemäß unserer derzeitigen Informationslage gemacht. Die Wanderungen wurden sehr sorgfältig ausgewählt und beschrieben, Schwierigkeiten werden im Text kurz angegeben. Es können jedoch Änderungen an Wegen und im aktuellen Naturzustand eintreten. Wanderer und alle Kartenbenützer müssen darauf achten, dass aufgrund ständiger Veränderungen die Wegzustände bezüglich Begehbarkeit sich nicht mit den Angaben in der Karte decken müssen. Bei der großen Fülle des bearbeiteten Materials sind daher vereinzelte Fehler und Unstimmigkeiten nicht vermeidbar. Die Verwendung dieses Führers erfolgt ausschließlich auf eigenes Risiko und auf eigene Gefahr, somit eigenverantwortlich. Eine Haftung für etwaige Unfälle oder Schäden jeder Art wird daher nicht übernommen. Für Berichtigungen und Verbesserungsvorschläge ist die Redaktion stets dankbar.